정조 대왕께 올림

글 신현수 | **그림** 비깔

펴낸날 2022년 3월 18일 초판 1쇄, 2024년 2월 13일 초판 2쇄
펴낸이 이재성 | **기획·편집** 고성윤 | **디자인** 이원자 | **영업·마케팅** 조광현, 김미랑
펴낸곳 루크하우스 | **주소** 서울시 서초구 사임당로 50 해양빌딩 504호 | **전화** 02)468-5057 | **팩스** 02)468-5051
출판등록 2010년 12월 15일 제2010-59호
www.lukhouse.com cafe.naver.com/lukhouse

ⓒ 신현수, (주)루크하우스 2022
저작권자의 동의 없이 무단 복제 및 전재를 금합니다.

ISBN 979-11-5568-519-8 74910
ISBN 979-11-5568-095-7 (세트)

※ 잘못된 책은 구입처에서 바꾸어 드립니다.
※ 값은 뒤표지에 있습니다.

※ 이 책에 나오는 편지글은 역사적 사실에 기반해 창작한 허구로, 실제 존재하는 사료가 아님을 알립니다.

 상상의집은 (주)루크하우스의 아동출판 브랜드입니다.

수원 화성으로 보는 정조의 개혁

정조 대왕께 올림

글 신현수
그림 비깔

차례

프롤로그 잘못 배달된 편지 한 통   6
등장인물   14

1장   혼란한 조선의 왕이 되다   16

2장   개혁 도시 화성을 짓다   30

3장   조선을 바꿀 실학과 손잡다   44

4장   붕당의 시대, 노론과 맞서다   60

5장	노동의 대가를 지불하다	76
6장	백성의 소리에 귀 기울이다	90
7장	화성을 기록하여 남기다	104

| 에필로그 | 끝나지 않은 정조의 개혁 | 118 |
| 부록 | 정조 대왕께 올림 | 126 |

잘못 배달된 편지 한 통

삼청동에 있는 심 대감 집을 빠져나오자마자 상득은 바삐 발걸음을 옮겼다. 정조 임금이 손수 쓴 편지를 대감에게 비밀스레 전한 후, 잠시 기다렸다가 답장을 받아 나온 길이었다.

'오늘은 전하께서 무슨 편지를 쓰시고 또 무슨 답장을 받으셨을까? 나랏일 하시기도 바쁘실 터인데 어찌 신하들에게 이리도 많은 편지를 보내시는지…….'

상득은 심 대감이 건넨 답장을 품에 단단히 넣었다.

승정원 정원사령인 박상득은 임금이 쓴 비밀 편지를 조정 대신들에게 남몰래 전하고, 그들로부터 답장을 받아 다시 임금에게 전하는 편지 심부름꾼이다. 임금의 충직한 심복으로 신임을 얻어 벌써 몇 해째 이 일을 하고 있다. 워낙 입이 무겁고 재바른 데다 실수라곤 한 적이 없기 때문이었다.

그런데 문득 상득이 발걸음을 멈추고 고개를 갸웃했다.

"가만, 오늘은 전하께서 어전 회의가 길어질 것 같으니 좀 천천히 돌아와도 된다고 하시지 않았나. 모처럼 시전 구경이나 하다 가면 얼추 시간이 맞겠는걸."

상득은 곧 운종가 쪽으로 발길을 돌렸다. 삼청동에서 운종가까지는 그리 멀지 않기에 한 식경* 만에 다다를 수 있었다.

운종가는 언제나 사람들로 북적거린다. 예전에는 나라에서 허가받은 시전 상인만 장사할 수 있었지만, 지금은 누구나 자유롭게 장사를 할 수 있게 되어 더욱 붐볐다.

상득은 종루를 중심으로 곧게 뻗은 길 양쪽에 끝도 없이 늘어선 가게들을 구경하다가 모처럼 아내와 자식들에게 줄 선물을 샀다. 그러다 보니 어느새 시간이 훌쩍 흘러 있었다.

"어이쿠. 전하께서 기다리실라. 얼른 가야겠다."

---

*식경 밥을 먹는 잠깐 동안의 시간이에요.

상득은 다시 대궐을 향해 내달렸다.

대궐에 도착하니, 마침 어전 회의를 마친 대신들이 인정전을 빠져나오고 있었다. 상득은 늦지 않고 도착한 것에 마음을 놓았다. 그러고는 대신들이 모두 물러가기를 기다렸다가 임금에게로 나아가 머리를 조아렸다.

"전하, 판서 대감의 답장을 받아 왔사옵니다."

상득이 공손히 두 손으로 편지를 올리자 임금이 흐뭇한 표정으로 대답했다.

"그래, 이번에도 수고가 많았구나. 어서 가서 쉬거라."

"예, 전하. 물러가겠사옵니다."

상득이 간 후, 정조는 서둘러 봉투에서 편지를 꺼냈다. 지난 어전 회의에서 나온 의견들이 마음에 차지 않아 심 대감에게 조언을 구하는 편지를 보냈었다. 부인이 아프다고 했던 말이 생각나 삼뿌리도 같이 보냈는데, 심 대감이 뭐라 답장을 했을지 자못 궁금했다.

그런데 웬걸, 엉성하고 서툴기 짝이 없는 글씨체가 익숙한 심 대감의 것이 아니었다. 정조는 이상하다 여기면서도 계속 편지를 읽어 내려갔다.

프롤로그: 잘못 배달된 편지 한 통

식구들 모두 잘 지내는지요?
막동이올시다.

 더는 종놈으로 살 수 없어 새벽을 틈타 죽음을 무릅쓰고 도망친 지 어느덧 일 년이 넘었소. 쌀 80가마니짜리 튼실한 사내종이 도망쳤으니 나 때문에 식구들이 해코지는 당하지 않았는지, 다들 아무 탈 없는지 몹시 궁금하오.

 어쨌거나 나는 추노꾼한테 붙잡힐 뻔한 위기를 몇 번이나 넘기고 한양 땅에 가까스로 자리를 잡았다오.
 도망칠 때는 무섭기도 하고 막막하기도 했는데 막상 세상으로 나와 보니 흔한 게 도망 노비요, 신분을 감추고 살아가는 방법도 제법 많더이다.

 지금 나는 칠패 시장에서 어물과 소금을 떼어다가 행상을 하면서 그럭저럭 먹고 살고 있다오. 얼마 전까지만 해도 육의전과 시전 상인들이 난전은 물러가라며 행패를 부리는 바람에 물건 내놓기도 힘들었지만 이젠 은덕 높은 나라님이 난전을 허가해 주시어 여기 칠패 시장도 아주 흥청망청하다오.

 머지않아 좀 더 돈을 모으면 사람을 보내 식구들을 데려올 것이오. 그때까지 식구들 모두 몸 성히 있기를 바라오.

***난전** 허가 없이 길에 함부로 벌여 놓고 장사하는 가게를 난전이라고 해요.

편지를 다 읽고 나서 정조는 고개를 갸웃했다.

"아니 이것은 도망 노비가 제 식구한테 쓴 편지가 아닌가? 상득이 놈이 딴전을 피우다가 편지를 바꿔 가지고 왔나 보군. 덕분에 백성들이 어찌 사는지 알 수 있어 좋기는 하구먼. 역시 금난전권*을 폐지하기를 잘했어. 그나저나 얼마나 사람대접을 못 받으면 도망 노비가 이리 늘어날까. 노비도 엄연한 나의 백성이거늘……."

◆ ◆ ◆

다음날 아침에도 어전 회의가 열렸다. 대신들은 여전히 나랏일을 두고 내 편 네 편으로 갈려 꼬장꼬장하게 언성을 높이며 싸워댔다. 그 모습을 지켜보던 정조는 간밤에 읽은 노비의 편지를 떠올렸다.

'백성들은 바뀌어 가고 있는데 아직도 조정은 이 모양이니 큰일이군. 이래 가지고 어찌 우리 조선이 발전하겠는가. 암, 안 되지. 이제 조선은 변해야만 해.'

큰 결심이라도 한 듯, 정조의 얼굴에 단호함이 스쳤다.

그날 밤 정조는 여느 때보다 정성껏 편지 한 통을 썼다. 그러고는 상득을 불러 편지를 건네며 당부했다.

***금난전권** 육의전과 시전 상인이 난전을 금지할 수 있도록 한 권리예요. 금난전권 때문에 육의전과 시전이 상품을 독차지할 수 있었어요.

"어느 편지든 다 중요하지만, 이 편지는 더욱 그러하니라. 잘 전하도록 하여라."

상득은 두 손으로 공손히 편지를 받아 들고 비장하게 아뢰었다.

"예, 여부가 있겠습니까? 전하의 편지를 잘 전하겠사옵니다."

하지만 뒷걸음쳐 나오던 상득은 제 발에 걸려 꽈당 넘어지고 말았다. 그 모습을 보며 정조가 걱정스레 중얼거렸다.

"쯧쯧, 저리 조심성이 없어서야……. 내 뜻이 담긴 편지를 부디 잘 전해야 할 터인데……."

등장인물

정조

조선의 제22대 왕이다. 이름은 이산. 아버지 사도 세자가 죽고, 붕당 정치로 어지러운 상황에서 왕이 되었다. 다양한 개혁 정책을 펼쳤으나, 갑작스러운 죽음으로 뜻을 다 이루지는 못하였다.

박상득

가상의 인물

승정원에서 심부름하는 정원 사령으로, 정조가 쓴 비밀 편지를 신하들에게 전달하는 비밀 연락책의 역할을 한다. 정조의 충성스럽고 정직한 심복이기도 하다.

채제공

사도 세자가 뒤주에 갇혔을 때 죽음을 무릅쓰고 막으려 했던 문신이다. 정조 때에는 임금의 곁을 지키며 개혁 정책을 돕고, 화성 건설 총책임자로서 큰 공을 세웠다.

정약용

정조의 총애를 받은 신하이자 조선 시대 대표적인 실학자. 화성의 설계를 맡아 성곽 쌓는 법과 건축물을 구상하고, 거중기 등 새로운 기구를 개발해 공사 기간과 예산을 줄이는 데 크게 이바지했다.

김종수

정조 때의 문신이자 노론의 우두머리. 정조가 세손이던 시절에 가르침을 준 스승이기도 하다. 비록 정조의 개혁 정책에 반대하기는 했으나, 정치적 조언도 아끼지 않았다

편수

화성 성곽을 쌓는 현장에서 목수 서른 명을 이끌고 목공 작업을 지휘한 목수의 우두머리다. 성곽 공사를 맡은 장인과 잡일꾼을 애민정신으로 보살핀 정조에게 고마움을 전한다.

화성 고을 백성

정조 행차 길에 상언을 올린 화성의 백성. 화성의 번영을 이끈 정조의 은혜에 감사하며, 탐관오리의 횡포에 어려움을 호소한다.

조심태

정조 때 수원 부사로 임명돼 새 고을 화성을 건설하는 데 앞장서고, 화성 성곽 공사 현장의 총책임자로서 장인과 잡일꾼을 총지휘했다. 『화성성역의궤』 편찬 사업에도 참여했다.

1. 혼란한 조선의 왕이 되다

당파 싸움이 성행하고 신분제가 흔들리던 조선.
이 혼란한 시기에 왕이 된 정조는
새 조선을 꿈꾸며 개혁 정치를 펼쳤어요.

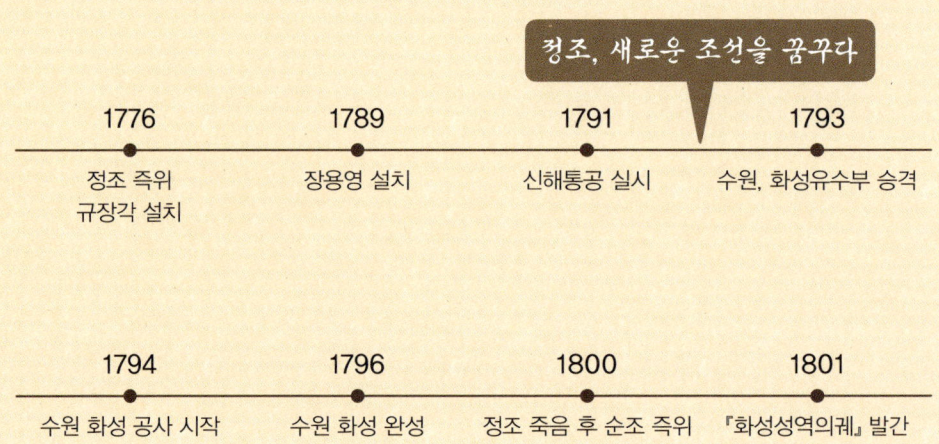

정조, 새로운 조선을 꿈꾸다

- 1776 정조 즉위 / 규장각 설치
- 1789 장용영 설치
- 1791 신해통공 실시
- 1793 수원, 화성유수부 승격
- 1794 수원 화성 공사 시작
- 1796 수원 화성 완성
- 1800 정조 죽음 후 순조 즉위
- 1801 『화성성역의궤』 발간

정조가 보내는 편지

잘 지내는지 모두에게 안부를 묻노라. 오늘은 그대들에게 내가 꿈꾸는 조선에 관한 이야기를 직접 전하고 싶어 이렇게 붓을 들게 되었다.

그 전에 나의 아버지 이야기부터 하려고 한다. 그래야지만 내가 얼마나 힘들게 임금이 됐는지, 임금이 된 후 지금의 처지는 어떠한지를 그대들이 이해할 수 있을 것이다.

아버지는 할아버님의 둘째 아들이었고, 태어난 이듬해에 왕세자로 책봉되셨다. 나의 큰아버지인 효장 세자께서 병으로 일찍 세상을 떠나셨던 까닭이지. 아버지는 어려서부터 총명하고 학문도 뛰어나, 할아버님의 사랑과 기대를 듬뿍 받으셨다고 한다. 그러나 점점 글공부보다 무예에 더 관심을 보이기 시작했고, 할아버님은 이를 매우 못마땅하게 여기셨다.

 아버지는 열다섯 살 때부터 할아버님의 뜻을 받들어 대리청정을 하셨다. 이 일로 부자간의 사이가 더욱 멀어지게 되었으니, 노론이 두 분 사이를 이간질했기 때문이 아니었겠느냐.

 노론의 힘을 얻고 왕위에 오르셨던 할아버님과 달리 아버지는 노론에 비판적이었다. 그래서 노론은 어떻게든 아버지가 왕위에 오르는 것을 막으려 했다. 할아버님의 계비셨던 정순 왕후 할마마마도 노론과 힘을 합치셨다.

 아버지가 대리청정을 하자 불안해진 노론은 할아버님께 아버지의 사소한 잘못을 부풀려 말하거나 나쁜 소문을 일러바쳤고, 할아버님은 그때마다 아버지를 불러 엄하게 꾸짖으셨다.

아버지는 석고대죄를 올리기도 했지만, 할아버님의 마음은 쉽사리 돌아서지 않았다. 이런 일이 되풀이되면서 아버지는 마음의 병까지 얻으시었지.

급기야 1762년 초여름, 다시는 떠올리고 싶지 않은 비극적인 일이 일어나고 말았다. 노론의 끄나풀인 나경언이라는 자가 할아버님께 투서를 올린 뒤 벌어진 일이었다. 투서에는 아버지의 열 가지 잘못이 적혀 있었다. 할아버님은 크게 노하시어 세자의 지위를 빼앗고 아버지를 뒤주에 가둔 후, 직접 뚜껑을 덮고 못을 박으셨다.

그 소식을 듣고, 나는 할아버님께 달려가 아버지를 살려달라고 눈물을 쏟으며 매달렸다. 허나 그것이 무슨 소용이 있었으랴.

결국 아버지는 뒤주에 갇혀 8일 만에 참혹하게 숨을 거두셨다. 그

때 일을 생각하면 지금도 가슴이 찢어지는 듯하고 눈물이 폭포처럼 쏟아지는구나.

할아버님은 노론의 말만 듣고 아들을 죽인 것을 금방 후회하고 애통해하며 바로 다음날 세자의 지위를 회복시켜 주셨다. 생각하고 슬퍼한다는 뜻에서 '사도(思悼)'라는 시호도 내리셨다. 당시 세손이었던 나를 따로 불러서 그 일을 후회한다고도 말씀하셨다. 아버지가 돌아가신 건 노론의 간악한 사주로 일어난 일이라는 내용의 글까지 남기시었지.

그 후 나는 단 하루도 마음 편히 잠을 이루지 못했다. 한스럽게 돌아가신 아버지가 생각나서 그랬고, 나의 처지가 불안해서도 그러했다. 내 처소에 자객이 든 일만 헤아려도 한두 번이 아니요, 저들이 틈만 나면 나를 해치려 했으니 어찌 잠들 수 있었겠는가. 그럼에도 끝끝내 살아남아 복수해야 한다고 스스로를 다그쳤다. 저들보다 뛰어나고 강해져야만 한다고 나를 수없이 채근하고 또 채근했다.

다행인 것은 할아버님께서 세손인 나만큼은 끔찍이 아끼며, 왕위도 이어 주려 하셨다는 것이다. 그러나 대역죄인의 누명을 쓰고 돌아가신 아버지의 아들로 있는 한 나는 임금 될 자격이 없었다. 그런 까닭에 할아버님은 나를 큰아버지의 양자로 올리셨고, 덕분에 할

***시호** 왕이나 위인이 죽었을 때, 그들의 업적을 기리며 붙인 이름이에요.

아버님의 뒤를 이어 임금이 될 수 있었다. 아버지가 세상을 뜨신 지 14년 만의 일이었구나.

나는 즉위식을 마치고 신하들에게 말했다. "나는 사도 세자의 아들이다!"라고. 정말이지 저들은 가슴이 뜨끔했을 것이다. 임금인 내가 여태까지 자신들이 죄인으로 몰아붙였던 사도 세자의 아들이라고 당당하게 밝혔으니 어찌 안 그랬겠는가.

그런 다음 아버지의 존호*를 '장헌'으로, 묘소 이름을 '수은묘'에서 '영우원'으로 격을 높여 드렸다. 몇 해 전에는 아버지 묘를 수원 화산으로 옮겼다. 살아생전 못했던 효도를 하고자 한 것이다. 물론 아버지를 죽음에 이르게 한 세력도 벌하였다. 그러나 내가 임금이 된 후에도 나를 시해하려는 위협은 계속됐고, 저들의 기세는 여전히 험악했다.

이제 나는 우리 조선을 저들의 나라가 아닌, 백성들의 나라로 만들려 한다. 지금까지의 조선은 큰 병을 앓고 핏줄이 꽉 막혀서 죽어 가는 사람과 같았기에 과감히 바꾸어 생생하게 살아 숨 쉴 수 있도록 할 것이다.

그리하여 요즈음 나는 왕권을 강하게 하는 데 온 힘을 쏟고 있다. 무릇 왕권이 흔들리면 조선이 흔들리고, 그리하면 조선이 만백성의

---

*존호 왕이나 왕비의 덕을 기리기 위해 올린 이름이에요.

나라가 될 수 없는 까닭이다. 나라를 평안하게 유지하고 백성을 잘 살게 하는 것이야말로 임금된 자의 도리이자 의무가 아니겠는가.

다행히 내 곁에는 학문과 뜻이 높고 믿음직한 신하들이 여럿 있다. 나는 날마다 그들과 머리를 맞대고 어떻게 하면 더 나은 조선을 만들 수 있을지 논의한다. 우리 조선은 이미 조금씩 변화하고 있으며, 앞으로 더욱더 나아질 것이다. 반드시 그렇게 되리라 믿는다.

나의 하루하루는 눈코 뜰 새 없이 바쁘다. 하지만 그렇기에 다가오는 하루하루가 가슴 벅찰 정도로 새롭게 느껴지는구나.

그럼 내가 꿈꾸는 조선이 어떤 것인지, 조선이 어떻게 바뀌어 갈지 눈여겨봐 주기를 바라며 이만 줄이노라.

역사의 우체통
조선을 대표하는 개혁 군주, 정조

효심 지극한 왕, 정조

정조는 조선 왕조 500년 역사에서 효심 지극했던 왕으로 이름이 높아요. 본디 훌륭한 성품을 가지기도 했지만, 어린 나이에 목격한 아버지 사도 세자의 죽음도 영향을 미쳤을 거예요. 아버지가 붕당 정치에 희생되어 뒤주 속에서 참혹한 죽음을 맞은 뒤로 정조의 효심은 더욱 깊어졌어요. 그래서 정조는 평생 아버지를 그리워했어요.

사도 세자가 세상을 뜬 후, 정조는 어떻게 하면 아버지의 한을 풀고 홀로 남은 어머니를 편안하게 모실 수 있을지 궁리했어요.

임금이 된 정조가 먼저 한 일은 사도 세자의 시호를 '장헌'으로 높여 기리는 것이었어요. 어머니도 '혜빈'에서 '혜경궁'으로 높여 부르도록 했어요. 또 사도 세자의 사당을 크고 튼튼하게 새로 지은 후 '경모궁'이라고 했어요. 창경궁에는 혜경궁 홍씨가 머물 새 전각을 지어 '자경전'이라 이름 지

▲ 사도 세자와 혜경궁 홍씨가 합장된 융릉

었지요. 사도 세자의 무덤 이름도 '수은묘'에서 '영우원'으로 격을 높였어요. 무엇보다 사도 세자를 죽음으로 이끈 사람 중 일부를 벌하였어요.

　1789년, 영우원을 조선에서 가장 좋은 무덤터로 알려진 수원 화산으로 옮기고 이름도 다시 '현륭원'이라고 고쳐 지었어요. 이듬해에는 현륭원을 지키는 절도 세웠어요. '용주사'라는 이름의 이 절에 부모의 은혜와 효도의 중요성을 강조한 불교 경전 『부모은중경』을 목판과 석판에 새겨 모셨어요.

　이후 정조는 해마다 현륭원으로 행차해 참배하며 아버지를 그리워하고 깊은 효성을 바쳤어요. 사도 세자와 혜경궁 홍씨가 회갑을 맞은 1795년에는 혜경궁 홍씨를 모시고 화성 행궁에서 8일 동안 성대한 회갑 잔치를 열기도 했답니다.

조선 사회 변화와 정조의 정책

조선은 두 차례의 큰 전쟁으로 많은 사람이 죽고, 건물과 땅이 망가졌어요. 조선을 받치고 있던 사회 질서도 무너졌지요. 그러니 조선 후기 사회는 이전과 같은 방식으로 운영될 수 없었어요.

정조는 변화하는 사회에 맞춰 다양한 정책을 펼쳤어요. 먼저 농업은 물론 상업과 공업을 일으켜서 가난한 백성의 삶을 풍요롭게 만들고자 했어요. 이로써 상공업이 발달하고, 한양의 인구가 늘어났으며, 한강에 많은 포구가 생겼어요.

특히 시전 상인들이 누리던 '금난전권'이라는 특권을 없앴어요. 원래 조선에는 나라에 세금을 바치고 특정한 물건을 독점으로 판매하는 시전 상인과 세금 없이 자유롭게 장사하는 난전 상인이 있었어요. 시전 상인들은 난전 상인이 자신들과 같은 물건을 팔지 못하도록 했는데, 이때 시전 상인들이 행사한 권리가 '금난전권'이에요.

하지만 정조는 금난전권이야말로 상업의 발달을 가로막는 나쁜 제도라고 생각했어요. 그래서 금난전권을 없애 버렸지요. 이 제도를 '신해통공'이라고 해요. 덕분에 시전 상인과 난전 상인이 서로 경쟁을 하느라 물건값은 낮아지고 품질은 좋아져서 백성의 삶이 더 풍요로워졌어요.

조선 사회의 '차별'을 줄이기 위한 정책도 펼쳤어요. 서얼도 관직에 오를 수 있도록 하고 도망간 노비를 잡아 와 벌하는 '노비 추쇄법'도 없앴지요. 조선 사회 전체에 퍼져 있던 나쁜 제도를 바로잡으려 한 것이에요.

왕권 강화를 위한 정조의 정치적 결단

정조는 왕권 강화를 위한 정치적 개혁도 과감하게 펼쳤어요. 우선 사도 세자 죽음의 원인이 된 붕당 정치를 뿌리 뽑아야 했어요. 그래서 영조의 탕평책을 이어받되, 새로운 방식으로 발전시켰어요. 당파를 가리지 않고 인재를 고루 뽑는다는 점에서 영조의 것과 비슷했지만, 당시 조정을 쥐락 펴락하던 노론을 견제하며 소론과 남인을 등용했다는 차이가 있어요.

또한 규장각을 설치했어요. 당파에 물들지 않은 능력 있는 새 인재들을 규장각에 불러 모은 것이지요. 원래 규장각은 왕실 도서관으로 만들어졌지만, 훗날 정조의 개혁 정책을 도운 인재를 발굴하고 정책을 만들어 내는 중요한 역할을 했어요.

정조는 어느 한 당파에 휩쓸리지 않고 나라를 잘 다스리기 위해서는 왕을 지키는 군대가 있어야 한다고 생각했어요. 그래서 한양과 화성, 두 곳에 '장용영'이라는 국왕 직속 특별 군대를 두기도 했어요.

▲ 김홍도가 그린 「규장각도」

생각하는 역사
영조는 왜 사도 세자를 뒤주에 가뒀을까?

　사도 세자는 영조의 둘째 아들로 태어났어요. 형인 효장 세자가 병으로 죽으면서 어린 나이에 왕세자가 되었어요. 어려서부터 영특하여 영조의 총애를 받았어요. 그러나 점점 공부를 멀리하고 무예에 관심을 보이면서 영조를 실망시켰지요.

　사도 세자는 15세가 되던 해에 대리청정을 시작했어요. 영조를 대신해 나랏일을 돌보도록 한 것인데, 이때 영조는 자신의 기대에 못 미치는 사도 세자를 늘 몰아붙이며 꾸중했다고 해요. 결국 마음의 병을 얻은 사도 세자는 궁궐에서 칼을 휘두르고 궁녀를 죽이는 등의 만행을 저질러요.

　사실을 알게 된 영조는 크게 화를 냈어요. 평소 사도 세자와 정치적 대립 관계에 있던 노론은 사도 세자의 잘못을 고자질하며 영조의 화를 부추겼어요. 노론은 사도 세자가 대리 청정을 시작한 후, 자신들이 아닌 남인과 소론 신하들을 가까이하는 것에 불만을 품고 있었거든요.

　그리고 나경언이란 사람이 노론의 사주를 받고 영조에게 사도 세자의 잘못 열 가지를 고하는 사건이 일어나요. 이 일은 나경언이 거짓을 고한 것으로 끝이 났지만, 영조는 나쁜 행동을 일삼는 사도 세자를 계속 두고 볼 수만은 없었어요.

급기야 영조는 사도 세자를 뒤주에 가두고 말아요. 뒤주에 갇힌 사도 세자는 8일 만에 비참한 죽음을 맞이했지요.

영조는 뒤늦게 아들 죽인 것을 후회하고, '생각하며 슬퍼한다.'라는 뜻의 '사도(思悼)'를 시호로 내렸어요.

❶ 똑똑하고 총명했던 사도 세자가 마음의 병을 얻게 된 이유는 무엇일까요?

❷ 여러분이 영조라면 나쁜 행동을 일삼는 사도 세자를 어떻게 했을 것 같나요? 조선의 왕이 되도록 했을까요?

❸ 정조는 왜 왕이 되자마자 신하들 앞에서 "내가 사도 세자의 아들이다."라고 말했을까요?

2. 개혁 도시 화성을 짓다

정조의 새로운 조선을 실현하기 위해서는
그것을 뒷받침할 새로운 도시가 필요했어요.
그래서 교통과 물자의 중심지, 수원에
정조만의 이상 도시 '화성'을 지었어요.

1776	1789	1791	1793
정조 즉위 규장각 설치	장용영 설치	신해통공 실시	수원, 화성유수부 승격

채제공, 화성 건설 총책임자로 임명되다!

1794	1796	1800	1801
수원 화성 공사 시작	수원 화성 완성	정조 죽음 후 순조 즉위	『화성성역의궤』 발간

채제공이 정조 대왕께 올림

　전하, 채제공이옵니다. 전하께서 소신을 화성 건설 총책임자로 임명해 주신 크나큰 성은에 보답하고자 몇 글자 적어 올립니다.
　소신은 전하께서 수원에 새로운 중심 고을을 만들려 하시는 원대한 계획을 잘 알고 있습니다. 더불어 새 고을을 둘러쌀 아름답고 튼튼한 성곽을 쌓는 뜻도 익히 아는 바입니다.
　사실 전하께서 양주에 모셔 두었던 영우원을 수원 화산으로 옮기고 현륭원이라 새로 이름 지으신 그날부터 수원은 이미 역사적인 땅이 되었습니다. 새 고을 화성의 역사가 시작되는 순간이었지요.
　하온데 전하께서는 무엇보다도 현륭원이 화산에 자리 잡음으로 인해 옛 수원의 백성들이 정든 땅을 떠나 팔달산 아래로 이사해야 하는 번거로움을 깊고 너른 성심으로 염려하셨습니다. 백성들의 처지와 마음이 즐거워야 나의 마음도 편한데, 이를 어이할꼬 하시면

2장 개혁 도시 화성을 짓다　31

서 말입니다. 하여 팔달산 아래로 이주하는 백성들에게 넉넉한 보상금과 이사 비용을 주시었습니다. 덕분에 그곳 백성들은 전하의 성은에 고개 숙여 감격하며, 즐겁고 감사한 마음으로 이사할 수 있었사옵니다.

그리고 현륭원에 행차하시어 수원의 이름을 화성으로 고치고 도호부*를 유수부**로 격을 높인다는 특별 하교도 내리시었습니다. 모름지기 유수부란 조선의 수도 한양을 방어하는 큰 고을이자 군사 고을에 해당하지요.

이미 경기도에는 고려의 도읍지였던 개성, 병자호란이 일어났을 때 인조 임금께서 피신하셨던 강화, 남한산성이 있는 광주가 유수부로서 중요한 역할을 하고 있습니다. 이제 수원도호부가 화성유수부로 승격됨에 따라, 이들 세 유수부와 어깨를 나란히 하게 되었으니 한낱 경기도의 한 고을에 불과했던 땅이 한양 버금가는 찬란한 땅으로 거듭나게 된 것입니다.

소신은 수원도호부를 화성유수부로 승격시킨 전하의 숨은 뜻을 짐작하고 있습니다. 붕당 정치로 약해진 왕권을 강력하게 지탱하는 고을로 화성을 생각하고 계신 것이 아닐는지요.

더구나 전하께서는 부족하기 짝이 없는 소신을 초대 화성유수로 임명해 주시었으니, 그때 소신이 느낀 놀라움과 당황스러움을 무슨 말로 다 헤아릴 수 있으오리까. 다만 소신에 대한 전하의 깊으신 믿음을 곧 깨달았던 바, 전하께서 마음속 깊이 품고 계신 뜻을 이루기

---

*도호부 조선 시대 행정을 처리하던 지방 관아를 말해요.
**유수부 수도 외에 주요한 지역에 설치한 지방 관아예요.

위해서 소신이 필요하셨다는 것으로 이해하고 그 영광스러움에 고개를 조아렸습니다. 이제야 아뢰옵건대, 그때부터 소신은 현륭원을 가까이 모시며 하늘에 사무친 전하의 깊은 한과 슬픔을 더욱 뼈저리게 느낄 수 있었습니다. 그리하여 힘닿는 데까지 더 성심껏 전하를 보필해야겠다고 스스로 다짐했습니다.

이처럼 전하께서 깊은 정성과 애정을 쏟으신 덕분에 화성은 참으로 빠르게 바뀌어 가고 있습니다. 전하의 원대한 계획과 드높은 기상이 펼쳐질 새 고을로서 하루하루 거듭나고 있는 것이지요. 이 또한 전하의 은덕이 아니고 무엇이겠습니까.

특히 전하께서는 새 고을이 들판 한가운데 자리하고 있으니 고을을 보호할 성곽을 쌓고 참호*를 설치하는 것이 마땅하다 하셨습니다. 그리고 소신을 성곽 공사의 총책임자로 임명하셨습니다. 한양 버금가는 조선의 새 고을에 전하의 명대로 튼튼한 성곽을 쌓는다면 감히 어떤 적이 쳐들어올 수 있겠습니까. 아울러 화성 성곽 쌓는 일은 현륭원을 지키고, 전하께서 행차하실 때마다 머물게 될 행궁을 보호하는 일이기도 하기에 더욱 뜻깊습니다.

이제 소신은 화성 공사의 책임자로 임명된 만큼 전하의 기대에 미치지 못함이 없도록 새 고을 만드는 일과 튼튼하면서도 아름다운

---

*참호 전투를 벌일 때, 몸을 숨기기 위해 판 구덩이에요.

성곽을 쌓는 일에 온 정성을 바치겠습니다.

공사 현장 구석구석을 직접 보고 겪으며, 먼 미래까지 내다볼 줄 아는 혜안을 쌓겠습니다. 조선 팔도에서 일 잘하고 책임감 높은 훌륭한 장인을 뽑아, 그들이 최고의 능력을 발휘할 수 있도록 잘 지휘하겠습니다.

이제 소신이 세운 화성 성곽 공사의 세 가지 원칙을 말씀드리겠습니다.

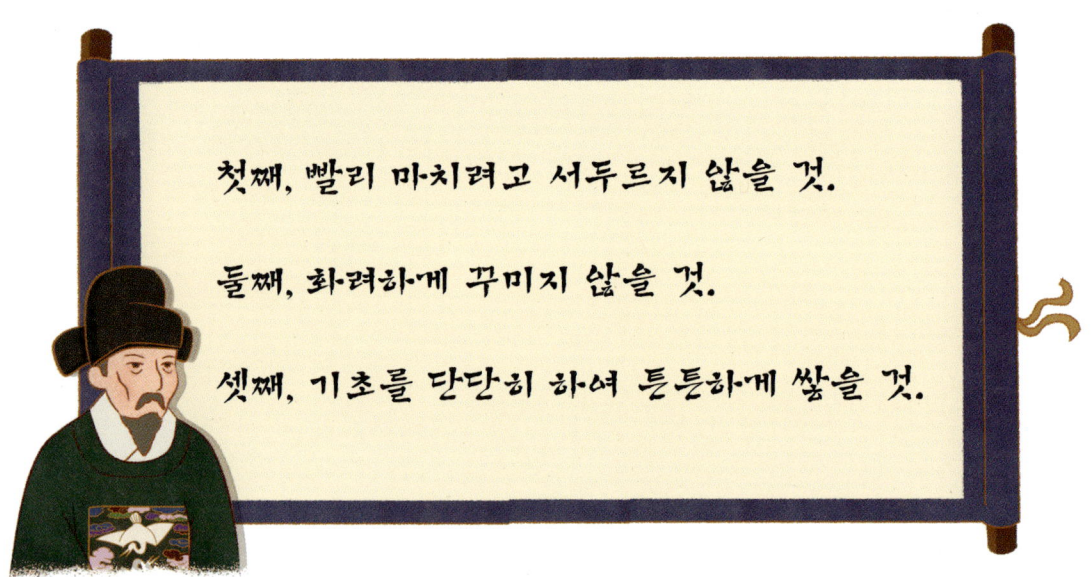

첫째, 빨리 마치려고 서두르지 않을 것.

둘째, 화려하게 꾸미지 않을 것.

셋째, 기초를 단단히 하여 튼튼하게 쌓을 것.

성급한 마음에 일을 서두르다 보면 전하께옵서 사랑해 마지않는 백성들이 일을 하다 다칠 수 있고, 기초를 단단히 하지 않고 화려한 겉모습에 치중하다 보면 허술하여 금방 무너지는 모래성이 되기 십상인 까닭입니다.

이 세 가지 원칙을 잘 지켜 쌓는다면 화성 성곽은 오래도록 무너지지 않을 것이며, 전하의 백성들은 기름지고 안전한 땅에서 평화롭게 살아갈 수 있을 것입니다. 또한, 마침내 전하께서 꿈꾸는 새 고을 화성의 면모를 완전히 갖추게 될 것입니다.

하오면 전하, 모쪼록 옥체 강건히 보존하시기를 바라오며 이만 줄이옵니다.

역사의 우체통
정조의 이상을
실현할 신도시,
화성

팔달산 아래 새로 터를 잡다

　1789년 정조가 경기도 양주에 있던 사도 세자의 무덤을 명당이라 꼽히는 수원 화산으로 옮겼어요. 이름도 '영우원'에서 '현륭원'으로 고쳐 짓고요.
　원래 현륭원 자리는 수원 고을이 있던 곳이었어요. 하지만 예부터 왕실 무덤이 있는 곳에는 백성이 살 수 없었기 때문에 정조는 그로부터 약 10리쯤 떨어진 팔달산 아래로 고을을 옮기기로 했어요. 관청과 백성들도 이사를 가야 했지요. 정조는 정든 땅을 떠나 새로운 곳에 터를 잡아야 하는 백성의 수고로움을 생각해 넉넉한 보상금과 이사 비용을 주었다고 해요. 1년 동안 세금도 걷지 않고요. 그래서 백성들이 마음 편히 이사할 수 있었어요.
　팔달산 아래에 관청과 향교가 옮겨 오고, 관청 제일 안쪽에는 임금이 행차할 때 머무는 행궁, 수령이 일을 보는 동헌, 다른 지역에서 온 관리가 묵는 객사가 자리 잡았어요. 백성들의 살림집도 속속 들어섰고요.

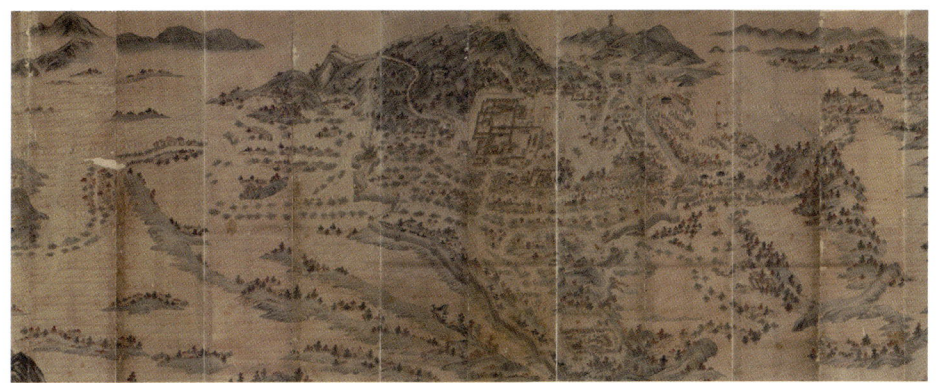
▲ 조선 시대에 그려진 「화성 전도」

이렇게 정조의 새 도시 화성이 탄생한 것이에요.

정조는 장사 물정을 아는 화성 백성들에게 무이자로 돈을 빌려주어 가게를 열고 물건을 팔게 했어요. 덕분에 다양한 상점이 들어서고 수원 옛 고을에서 이사 온 백성들, 팔달산 주변에 살던 원주민, 소문을 듣고 다른 지역에서 온 이들까지 합쳐져 규모가 매우 커졌어요.

이에 정조는 1793년에 고을을 '수원도호부'에서 '화성유수부'로 승격시켰어요. 유수부는 오늘날로 치면 '광역시'에 맞먹는 큰 고을을 말해요. 정조의 개혁을 적극적으로 도왔던 채제공이 초대 화성유수로 부임했지요.

세계 최초의 신도시, 수원 화성

자연스럽게 생겨난 도시가 아니라, 계획적으로 만들어진 새로운 도시를

'신도시'라고 해요. 우리나라에도 분당, 일산 등의 신도시가 있어요.

신도시라는 개념은 1898년 영국에서 시작됐어요. 대도시에 인구가 몰리며 주거와 환경 문제가 발생하자, 이를 해결하기 위해 새로운 도시를 개발했지요. 이때 신도시 개발이 좋은 평가를 받으면서 점차 다른 나라들도 신도시를 건설하기 시작했어요.

대도시 주변에 계획적으로 만들어진, 독립된 도시를 신도시라고 한다면 조선의 화성도 빠질 수 없어요. 상공업의 발달로 조선의 수도 한양에 버금가는 도시가 되었으니, 화성은 무려 영국보다 100여 년이나 앞서 만들어진 세계 최초의 신도시인 셈이에요.

정조 시대를 대표하는 명재상, 채제공

채제공은 영조·정조 때의 문신으로 남인을 대표하는 인물이에요. 사도 세자가 뒤주에 갇혔을 때 죽음을 무릅쓰고 막으려 했던 인물이기도 하지요. 뒤늦게 사도 세자의 죽음을 슬퍼하던 영조는 채제공이야말로 진정한 충신이라는 사실을 깨달았다고 해요. 채제공이 정조의 신임을 얻는 계기가 되기도 했고요.

정조가 왕이 된 뒤, 채제공은 형조판서 겸 의금부판사로서 사도 세자의 죽음에 연관된 노론을 처벌했어요. 아울러 노론이 주도하는 조정에서 좌의정과 영의정을 지내며 정조의 개혁을 힘껏 도왔지요. 도망간 공노비를 나라에서 추쇄*하는 폐단**을 바로잡은 것도 바로 채제공이에요. 이 일은 1801년 순조 때 공노비 해방을 이루는 데 디딤돌 역할을 했어요.

특히 채제공은 1791년 시전의 특권이었던 금난전권을 폐지하고 상인들의 자유로운 상업 활동을 보장하는 정책인 '신해통공'을 건의한 인물이기도 해요. 신해통공은 채제공의 가장 큰 업적으로 꼽혀요.

▲ 채제공의 초상

채제공은 화성과도 인연이 깊어요. 현륭원을 수원으로 옮기고 팔달산 아래 새 고을 화성이 만들어졌을 때, 채제공은 초대 화성유수로 부임하여 화성 발전을 도왔어요. 나아가 화성 성곽 공사의 총책임자인 총리대신을 지내기도 했지요.

이처럼 채제공은 사도 세자의 죽음을 막기 위해 노론과 싸우고, 변화하는 조선 사회에 걸맞은 다양한 정책을 펴고, 화성 건설에도 관여하며 정조의 오른팔로 활약했어요.

---

*추쇄 도망간 노비를 쫓아서 체포하는 일을 말해요.
**폐단 어떤 일이나 행동에서 나타나는 해로운 현상을 말해요.

생각하는 역사
정조는 왜 '수원'에 화성을 지었을까?

'화성'은 한자로 화려할 화(華), 성곽 성(城) 자를 써요. 우리말로 풀이하면 '화려한 성곽'이라는 뜻이에요. 정조가 중국 고전 『장자』에 나오는 '화인축성(華人祝聖)'이라는 옛이야기에서 그 이름을 따왔다고 해요.

'화인축성'은 '화(華)'라는 고을에 살던 사람이 나라를 잘 다스리고 덕이 높은 요임금에게 감사하여 요임금의 장수와 부귀, 복을 빌었다는 이야기예요. 계속 임금이 덕을 펴고 번영이 이어지는 고을을 만들고자 하는 뜻에서 '화성'이라고 이름 지었다는 것이지요. 사도 세자의 무덤인 현륭원이 있는 '화산'의 '화(花)'가 '화(華)'와 음이 같은 것도 이유가 됐을 거예요.

그렇다면 왜 하필 수원에 화성을 지은 걸까요? 정조는 조선을 새롭게 바꾸는 개혁 정치를 펼치면서 수도 한양이 아닌 다른 곳을 터전으로 삼고 싶어 했어요. 아버지 사도 세자를 죽게 만든 노론이 이미 한양에 세력을 뻗치고 있었기 때문이에요. 게다가 사도 세자의 무덤터가 좋지 않아, 옮기려고 찾은 명당이 바로 수원 화산이었어요. 그러면서 자연스럽게 수원이 사도 세자의 새 무덤 자리이자 정조의 이상이 깃든 새 고을터가 됐어요.

당시 수원은 한양에서 충청도와 경상도, 전라도를 잇는 교통의 중심지였고, 남쪽 지방에서 나는 특산물과 갖가지 물자가 활발하게 오가는 곳이었어요. 실학자 유형원이 쓴 『반계수록』에도 '수원은 서울과 남쪽 지방을 잇는 교통의 요지이다. 지금의 중심지도 좋지만, 북쪽으로 옮기면 땅이 평평하고 논밭이 드넓은 곳이라 수원이 더 큰 고을로 발전할 것'이라고 나와 있어요.

사도 세자의 무덤을 옮길 만큼 명당인 데다가 교통로와 물자가 모이는 곳이었으니, 수원은 신도시로서 더할 나위 없이 좋은 조건을 가지고 있었던 것이지요.

❶ 정조가 화성을 짓기 전과 후의 수원 지역이 어떻게 바뀌었을지 상상해 보세요.

❷ 정조에게는 왜 '신도시'가 필요했을까요? 정조가 한양이 아닌 수원 화성에서 이루고자 했던 뜻은 무엇이었을까요?

3. 조선을 바꿀 실학과 손잡다

조선에 새롭게 등장한 실학자들은
나라 살림과 백성들의 삶에 쓸모 있는 학문을
공부하고 정책을 제안했어요.
유교 나라 조선을 실학으로 바꾸려 한 것이에요.

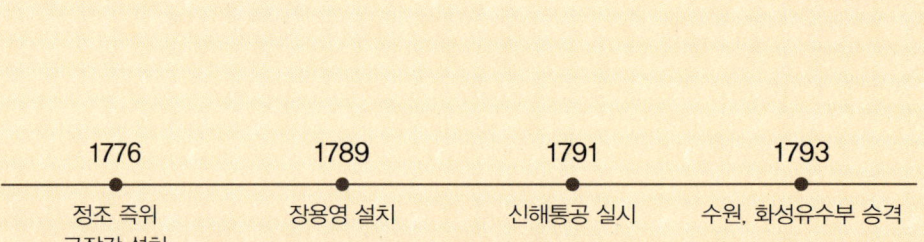

1776	1789	1791	1793
정조 즉위 규장각 설치	장용영 설치	신해통공 실시	수원, 화성유수부 승격

정약용, 정조의 명을 받고 화성 설계를 마무리 짓다!

1794	1796	1800	1801
수원 화성 공사 시작	수원 화성 완성	정조 죽음 후 순조 즉위	『화성성역의궤』 발간

정약용이 정조 대왕께 올림

전하, 소신 정약용이옵니다. 오래도록 뵙지 못하였는데 옥체 편안하신지요.

갑작스레 부친상을 당하여 고향에 내려온 지도 꽤 오랜 시간이 지났습니다. 그간 대궐을 향한 그리움도 깊었는데, 이렇게 전하께 글월 올릴 기회를 얻어 기쁘기가 이루 말할 수 없습니다.

오늘은 전하께서 명하신 화성 성곽 설계가 어떻게 진행되고 있는지 궁금해하실 듯하여 그 내용을 전하고자 붓을 들었사옵니다.

그전에 솔직히 말씀드리건대, 시묘살이*를 하며 황망히 지내던 중 전하께서 사람을 보내 이 막중한 일을 제게 맡기셨을 때는 매우 영광스러웠지만, 의아한 생각이 들기도 했습니다. 성곽 쌓는 일에 관해 아는 것이라곤 없는 소신에게 성곽 설계를 명하셨으니 어찌 아

***시묘살이** 부모님이 돌아가셨을 때, 3년 동안 그 무덤 옆에 움막을 짓고 사는 일을 말해요.

니 그랬겠습니까. 전하의 곁에는 학문이 드높고 충정 넘치는 신하와 성곽을 제대로 설계할 줄 아는 노련한 전문가도 많을 텐데 말이지요.

  하여 소신은 감히 제멋대로 짐작하였습니다. 과거 전하께서 현륭원에 행차하셨을 적에 소신이 한강에 놓일 배다리 설계했던 일을 높이 평가하시어 화성 설계도 맡기신 것일까, 하고 말입니다. 그리고 더 곰곰이 궁리한 끝에 소신에게 화성 성곽의 설계를 맡기신 전하의 깊은 뜻을 깨달았습니다.

사실 성곽 쌓는 일은 넉넉한 예산과 충분한 기간만 주어진다면 누구라도 해낼 수 있습니다. 하오나 지금 우리 조선은 나라 살림이 넉넉하지 않을뿐더러, 성곽 쌓는 데 오랜 세월을 들일 만큼 한가롭지도 않습니다. 더구나 전하께서는 화성 성곽을 튼튼하고 단단하게 쌓되, 단 한 명의 백성도 강제로 부리지 않고 나랏돈을 축내지 않으며 가능한 한 짧은 기간 안에 공사를 끝낼 것을 원칙으로 삼으셨습니다. 무엇보다 사랑하는 백성들이 성곽 안에서 오래도록 편안하고 풍요롭게 살기를 바라시고요.

그렇다면 화성 성곽은 새로운 방식으로 쌓아야 할 터, 바로 그 때문에 전하께서 소신을 설계 책임자로 택하신 것이로구나 하고 무릎을 치게 되었습니다. 성곽을 훤히 아는 전문가라면 아무래도 기존의 방식을 되풀이하기 쉽지요. 그러니 아무것도 모르는 일자무식 소신이 더 참신한 설계를 할 수 있으리라 여기신 게 아닐는지요. 감히 엎드려 여쭤건대, 소신의 생각이 틀리지 않겠지요?

이에 소신은 주어진 책무를 성공적으로 마쳐 전하께 큰 기쁨을 드릴 수 있도록 밤낮 가리지 않고 설계에 전념하고 있습니다. 특히 전하의 바라심대로 백성을 강제로 부리지 않고, 예산을 적게 들이며, 공사 기간을 최대한 줄일 수 있는 성곽, 그러면서도 튼튼하고 아름다우며 백성들의 삶을 풍요롭게 보듬어 줄 수 있는 성곽을 설계하기 위해 머리를 이리저리 굴리고 있습니다.

요즘 소신은 전하께서 내려 주신 『기기도설*』 등 서양 및 중국의 기계와 관련한 책을 읽고 있습니다. 선조 임금 때 유성룡 선생이 지은 『성설』을 비롯해 여러 선인의 저서도 샅샅이 훑으며 공부하고 있습니다. 그렇게 해야만 기존 성곽의 장점을 취하고 단점을 버리되, 새 고을에 가장 잘 어울리는 설계를 내놓을 수 있기 때문입니다.

그 결과, 화성 성곽의 설계가 어느 정도 마무리 단계에 접어들었으므로 그 내용을 간추려 전하께 아뢰옵니다.

우선 화성 성곽은 읍성과 산성의 역할을 모두 갖출 것입니다. 그동안 우리 조선에서는 성곽을 지을 때 백성들이 안전하게 모여 살 수 있는 읍성과 적들이 쳐들어올 때 대피할 수 있는 산성을 따로 구분해 지었습니다. 허나 읍성은 방어 시설이 갖춰져 있지 않고, 산성은 읍성에서 멀리 떨어진 곳에 있는 경우가 대부분이었지요. 그러다 보니 전쟁과 같은 위급한 상황이 벌어졌을 때 백성들이 산성으로 들어가기란 여간 어려운 일이 아니었습니다.

하온데 전하께서는 화성이 적의 침입을 막으면서도 백성들이 편안하게 살 수 있는 성곽이 되기를 바라고 계시지 않으십니까. 화성을 읍성과 산성의 기능을 모두 갖춘 성곽으로 설계한 까닭이 바로

---

*『기기도설』 서양의 기계 지식과 기술을 중국어로 풀이한 책이에요.

여기에 있습니다. 보통 때는 읍성의 역할을 하지만 위기 상황이 발생했을 때는 산성이 되는 것이지요. 전하께서 꿈꾸시는 대로 화성이 한양 버금가는 중심 고을로 크게 된다면, 전처럼 전쟁이 났다고 해서 읍성을 버리고 산성으로 대피하는 일이 벌어져서는 안 되기 때문입니다.

 성벽은 돌로 짓되, 곳곳에 벽돌을 쌓아 올려 여러 가지 방어 시설을 두고자 합니다. 예를 들면, 성문 앞에 이중 성벽을 세우고 성문 위에 벽돌로 다섯 개의 구멍을 내어 그 뒤에 물을 담은 큰 통을 두는 것입니다. 이렇게 하면 적이 몰려와 성문에 불을 지르더라도 금세 진압할 수 있습니다. 또한, 대포를 설치한 포루, 성문을 감시하

는 적대, 큰 활을 쏠 수 있는 노대 등을 일정한 간격으로 성벽 위에 세울 것입니다.

그리고 어떻게 하면 공사 기간을 줄일 수 있을지도 고민한 결과, 사람의 노동을 대신할 수 있는 기계를 쓰기로 했습니다. '거중기'와 '유형거'가 대표적입니다. 거중기는 말 그대로 무거운 것을 들어 올리는 기계요, 유형거는 무거운 것을 나르는 수레입니다. 이 두 기계 모두 완성 단계에 있으니, 성곽 공사를 할 때 인력과 기간을 줄이는 데 큰 도움이 될 것으로 생각합니다.

하오면 전하, 화성 성곽 설계가 완전히 마무리되는 대로 다시 소식 올리겠습니다. 한양 대궐에서 전하를 뵈올 그날을 간절히 기다리며 이만 마치옵니다.

역사의 우체통
조선을 바꿀 새바람, 실학

실학, 성리학에 도전하다

임진왜란과 병자호란이라는 두 번의 전쟁을 겪은 후, 조선은 권력을 가진 일부 세력이 나랏일을 쥐락펴락하는 나라가 됐어요. 그렇지 않아도 척박해진 땅은 모두 지주의 차지가 되어 버렸고, 농민들은 농사지을 땅이 없어 힘들어 했지요. 썩어 빠진 탐관오리들은 백성의 피고름을 쥐어짜 자신들의 재산 불리기에 여념이 없었어요. 백성들의 고통은 점점 커져만 갔어요.

조선은 유교 사상에 뿌리를 둔 나라였어요. 학자들은 유교의 가르침을 알리는 성리학을 공부했지요. 그러나 성리학은 전쟁 후 어려움을 겪고 있는 나라를 구하고, 잘못된 사회를 바로잡아 백성들의 생활을 나아지게 하지는 못했어요. 그러자 성리학을 비판하면서 백성들이 어떻게 하면 더 잘 살 수 있을지, 나라의 힘을 기르는 데 필요한 것이 무엇인지 연구하는 학자들이 생겨나기 시작했어요. 이들을 실학자라고 해요. 실학자들이 연구하는 학문은 '실학'이라고 하고요. 실학(實學)은 '실제로 소용되는 참된 학문'을 뜻해요.

실학자들은 학문이란, 성리학처럼 이론에만 치우친 것이 아니라 나라를 튼튼하게 하고 백성들의 삶을 풍요롭게 하는 데 도움이 돼야 한다고 생각했어요. 그래서 정치, 경제, 사회 등 여러 분야에 걸쳐 개혁을 주장했어요. 특히 청나라에서 공부하고 온 학자나 서양 서적으로 새로운 기술과 문물을 접한 학자들 사이에서 실학이 널리 퍼졌어요.

▲ 실학자 박지원의 초상

실학자들은 농사짓는 농민들에게 땅을 나눠 주고, 농업뿐만 아니라 상업과 공업을 발전시켜야 한다고 했어요. 또 신분 차별을 없애고 노비를 해방시켜야 하며, 모든 관리는 백성을 위해 일해야 한다고도 주장했지요.

대표적인 실학자로 유형원, 박제가, 박지원, 홍대용, 정약용, 김정호 등이 있어요. 이들은 토지 개혁이나 상공업의 중요성을 강조했고, 청나라의 새로운 문물과 서양의 학문 등을 소개하기도 했어요. 그러나 어떤 주장을 펼치고 어떤 책을 썼든 실학자들이 공통적으로 원한 것은 단 하나, 강하고 살기 좋은 조선을 만드는 것이었지요.

강한 조선을 꿈꾼 실학자들

유형원
"농사짓는 농민들에게 땅을 나눠 줘야 합니다!"

- **어떤 실학자?** 조선 실학의 처음이 되는 인물
- **지은 책** 『반계수록』

홍대용
"지구 중심, 중국 중심의 세계관에서 벗어나야 합니다!"

- **어떤 실학자?** 지구와 우주에 관한 지식을 조선에 소개, 천문 관측 기구인 '혼천의'를 제작

박제가
"상공업을 발달시키고 청나라의 새로운 기술과 문물을 받아들여야 합니다!"

- **어떤 실학자?** 청나라를 자주 방문하며 신문물을 공부
- **지은 책** 『북학의』

박지원

"이용할 수 있는 물자가 있은 뒤에
　　백성의 삶이 풍요로울 수 있고,
　　　그 다음에 덕을 바로잡을 수 있습니다!"

- **어떤 실학자?** 　조선에 청나라의 문물과 제도 등을 소개
- **지은 책** 　『열하일기』

정약용

"상업과 기술을 발전시켜서 나라를
　　부강하게 해야 합니다!"

- **어떤 실학자?** 　실학 정신으로 화성을 설계하고,
　　　거중기를 발명
- **지은 책** 　『목민심서』, 『경세유표』, 『흠흠신서』

김정호

"나라를 바르게 다스릴 수 있도록 지리와
　　지형이 정확한 지도를 만들어야겠다!"

- **어떤 실학자?** 　기존에 있던 지도와 지리서 등을 연구하여
　　　매우 정밀하고 정확한 「대동여지도」를 제작

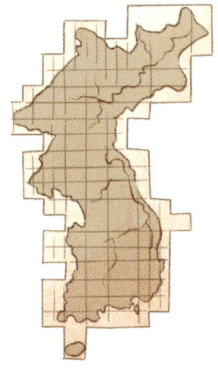

실용적이고 아름답게 설계된 화성

벽돌 사용
수원 화성은 조선 최초로 '벽돌'을 사용해 만든 건축물이에요. 벽돌로 구현한 옹성의 아름답고 자연스러운 곡선이 특징이지요.

공심돈 설치
수원 화성에는 우리나라 성곽 유일의 '공심돈'이 있어요. 공심돈은 안이 텅 비어 있는데, 군사들이 그 안에서 적의 움직임을 살피고 공격할 수 있는 방어 시설이에요.

자연과 어우러진 건축
자연 지형에 맞추어 지어진 화성은 자연스러움이 돋보이는 건축물이에요. 땅의 높이에 따라 성곽의 높이를 달리 두는 식이었지요.

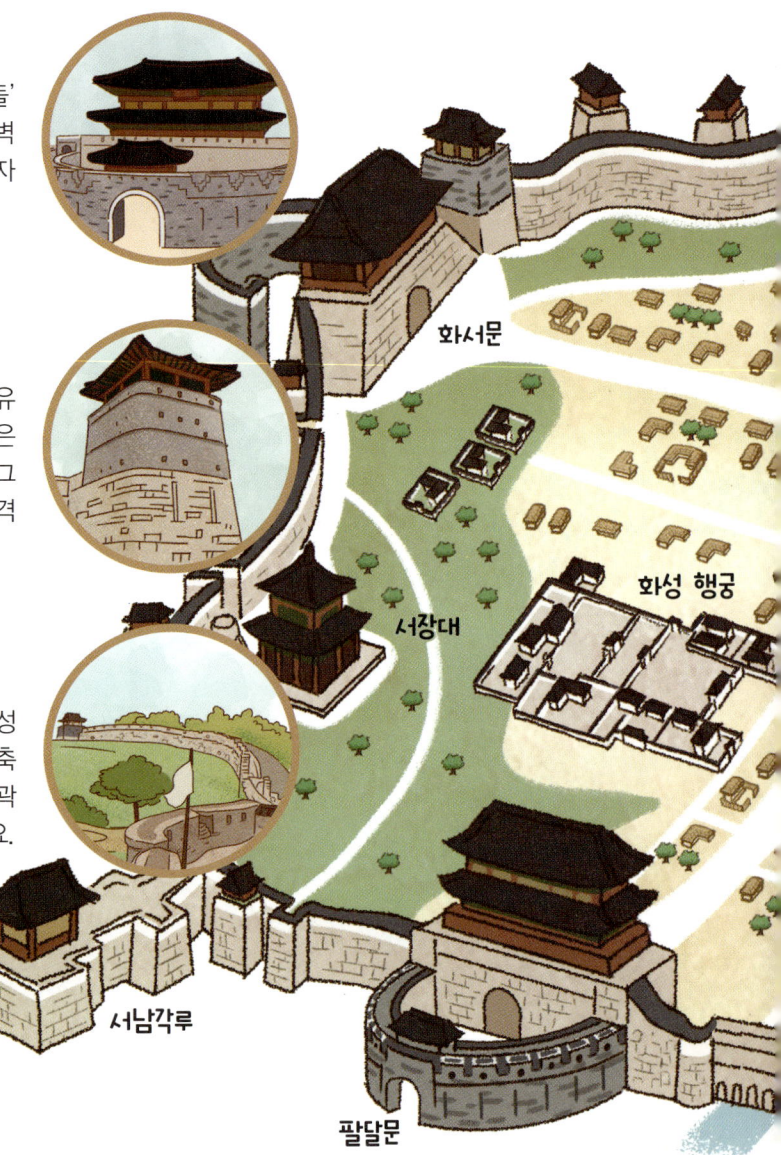

기능과 멋을 모두 고려한 건축

동북각루(방화수류정)는 화성에서 이름답기로 소문난 건축물이에요. 군사 지휘 시설로 지어졌지만, 연못이 흐르는 주변 환경과 조화를 이루며 정자의 역할도 하고 있어요.

다양한 군사 시설

화성은 성곽 중간중간에 다양한 군사 시설을 설치해 군사력을 높였어요. 지도에서 성곽에 일정한 간격으로 설치된 포루와 장대, 노대, 치 등을 볼 수 있어요.

3장 조선을 바꿀 실학과 손잡다

생각하는 역사
정약용은
실학자? 과학자?

　수원 화성을 설계한 정약용은 15세 때부터 조선의 뛰어난 실학자들과 교류했어요. 과거에 급제해 벼슬길에 오른 뒤에는 정조의 개혁 정치를 적극적으로 도우며 신임을 얻었지요.

　정조와 정약용이 처음 만난 건 정조가 과거 시험에 붙은 사람들을 불러 질문하는 자리에서였어요. 정조는 성균관 유생들을 대상으로 직접 문제를 내어 시험을 치르곤 했는데, 정약용은 단연 우수한 실력을 보였다고 해요.

　그 후 정조는 정약용에게 개혁 정치와 관련된 사업을 많이 맡겼어요. 1789년 정조가 현륭원에 행차할 때, 정약용은 정조의 명을 받아 한강에 놓을 배다리를 설계했어요. 배다리는 강물에 배 수십 척을 촘촘히 띄워 엮은 다음, 그 위에 수많은 널빤지를 깔아 만든 임시 다리였어요.

　무엇보다 정약용은 화성 설계를 담당했어요. 조선과 중국 성곽의 장단점을 꼼꼼히 연구한 끝에 과학적이고도 합리적인 설계도를 완성할 수 있었지요. 또 도르래의 원리를 이용해 무거운 것을 들어 올리는 '거중기'와 나르는 '유형거' 등의 기구도 만들어 냈고요. 덕분에 화성 공사의 시간과 비용이 크게 줄어들어, 정조도 매우 기뻐했어요.

정조가 갑자기 세상을 뜨고, 정약용은 시련을 겪어야 했어요. 무려 18년 동안이나 귀양살이를 했거든요. 그러나 귀양살이를 하는 동안 정약용은 사회의 모순을 없애 나라를 튼튼하게 하고, 백성을 잘살게 하는 방법을 연구하며 조선의 잘못된 제도를 바로잡자고 주장하는 『경세유표』, 지방 관리들이 지켜야 할 도리를 담은 『목민심서』, 형법에 관한 내용을 다룬 『흠흠신서』 등 훌륭한 실학 서적을 많이 펴냈어요.

❶ 정조는 왜 실학과 실학자 정약용을 신임하며 아꼈을까요?

❷ 정약용은 선진 기술과 과학을 활용한 도구를 만들었어요. 또 많은 책을 써내며 조선의 실학사상을 체계적으로 정리했어요. 여러분은 정약용을 과학자라고 생각하나요, 실학자라고 생각하나요?

4. 붕당의 시대, 노론과 맞서다

정조 시대 신하들은 당파를 나누어 싸웠어요.
정조는 당파를 아우르는 정치를 하되,
자신을 반대하는 노론에 당당히 맞서며
개혁 정책을 펼쳐 나갔어요.

1776	1789	1791	1793
정조 즉위 규장각 설치	장용영 설치	신해통공 실시	수원, 화성유수부 승격

김종수, 화성에 관한 자신의 생각을 밝히다!

1794	1796	1800	1801
수원 화성 공사 시작	수원 화성 완성	정조 죽음 후 순조 즉위	『화성성역의궤』 발간

김종수가 정조 대왕께 올림

전하, 소신 김종수이옵니다. 종묘사직*을 위해, 그리고 백성들을 위해 밤낮없이 애쓰시는 전하께 새삼 깊은 존경을 표하며 글월 올립니다.

오늘은 최근 우리 조선에서 벌어지고 있는 여러 일과 소신을 두고 떠도는 흉측한 소문에 관해 긴히 올릴 말씀이 있어 붓을 들었습니다. 몹시 송구하오나 혹여 내용이 언짢으시더라도 이 또한 조선의 앞날을 걱정하는 늙어 빠진 신하의 진실된 마음이라 여기시어, 부디 내치지 말고 읽어 주시기를 바라옵니다.

전하께서 왕위에 오르신 뒤 나라가 나날이 발전하고 백성들의 삶도 점점 나아지는 것을 온몸으로 느낍니다. 그리하여 전하의 높으

---

*종묘사직 역대 왕을 모신 사당 '종묘'와 토지·곡식의 신에게 제사를 지내는 '사직단'을 함께 일컫는 말이에요. 보통 종묘사직이라고 하면 왕실과 나라를 뜻해요.

신 은덕에 머리 숙여 감사하고 있습니다. 또한, 현륭원을 수원 화산에 모시고 그곳 일대에 있던 관청과 백성들을 팔달산 아래로 이주시켜 새 고을 화성을 만드신 일에 관해서도 높이 받드는 바입니다. 그 일이야말로 전하께서 우리 조선의 앞날을 위해 세우신 크나큰 계획 중 하나임을 익히 알기 때문입니다. 모름지기 조선은 '효'를 중요히 여기는 나라이기에, 전하께서 지극한 효심을 내어 현륭원을 명당에 모신 일은 만백성이 본받아 마땅한 일이기도 하고요.

하오나 전하, 지금 우리 사회는 갈수록 규율과 법도가 무너져 내리고 있어 소신의 걱정이 이만저만이 아니옵니다.

대표적인 예로 신분 질서의 파괴를 꼽을 수 있겠습니다. 물론 모든 백성을 사랑하는 애민 정신에 따라 서얼에 대한 차별을 없애고, 노비를 해방시키고자 하는 전하의 높은 뜻을 모르지 않습니다. 문제는 신분 질서가 무너지면 양반과 평민, 상놈의 구분이 사라지고, 각자 자신의 신분에 걸맞은 도리를 다하지 않게 된다는 것입니다. 이는 필시 나라를 위태롭게 할 수 있습니다.

천주교, 즉 서학이 방방곡곡에 퍼지며 순진한 백성의 마음을 어지럽히는 일에 대해서도 각별한 관심이 필요합니다. 서학은 조상의 제사를 거부하고, 누구나 평등하다고 주장하는 학문입니다. 조상의 제사를 지내지 않는 것은 인륜을 저버리는 행위이며, 만인의 평등

또한 조선을 지탱하는 유교 이념을 흔드는 이야기입니다.

사정이 이러한데도 전하께서는 서학을 너그러이 대하시니, 감히 아뢰옵건대 절대 그리해서는 안 될 일입니다. 빨리 대책을 세우지 않으면 서학을 믿는 어리석은 백성들이 비 온 뒤 대나무 죽순 솟아나듯 늘어날 것이 뻔합니다. 소신은 그 화가 어디까지 미칠지 염려스럽습니다.

이제 새로 쌓는 성곽 이야기를 해 보겠습니다. 소신은 새 고을 화성유수부를 에워쌀 성곽이 마땅히 필요하다고 생각했던 바, 현재 진행 중인 성곽 공사가 잘 마무리되기를 바라옵니다. 화성은 현륭원이 자리하고 있는 곳일뿐더러 작게는 경기도, 크게는 한양 도성의 외곽을 지키는 곳이기 때문입니다. 군사적으로도 중요한 위치를 차지하기에 성곽을 쌓아 경계를 튼튼히 할 필요가 있지요.

하온데 근래 소신은 등골이 오싹한 일을 겪었습니다. 간사하고 흉악한 자

들이 소신에 관한 해괴한 소문을 지어내 퍼뜨린 것을 알았으니 어찌 아니 그랬겠습니까. 소문이 무엇인가 하면, 소신이 진나라 진시황의 만리장성에 빗대어 화성 공사를 반대한다는 것이었습니다. 심지어 상소까지 올리려 한다면서 말입니다.

전하께 진실을 아뢰건대, 소신은 비록 노론의 우두머리일지언정 화성 성곽 공사를 반대할 까닭이 없사옵니다. 왜냐하면 전하께서 성곽 공사의 가장 큰 문제인 인력과 예산을 훌륭하게 대비하고 계시기 때문입니다.

이미 아시는 바와 같이 성곽 하나를 짓기 위해서는 손과 머리로 다 헤아릴 수 없는 수많은 노동력이 필요합니다. 과거에는 이러한 공사가 있을 때 백성을 강제로 끌어와 일을 시켰으니, 공사 현장에서는 본디 하던 일을 그만두고 끌려온 백성들의 원망 소리가 넘쳐 나고, 전국의 흉흉해진 민심은 조정으로 향하기 일쑤였습니다.

하오나 전하께서는 절대로 백성을 강제로 끌어다 쓰지 않으며, 공사에 참여한 모든 장인과 일꾼에게 적당한 임금을 주겠노라 하셨습니다. 부역의 의

무를 내세워 백성에게 터무니없는 고통을 요구하지 않겠다 하신 것이지요. 백성을 아끼는 전하의 뜻이 이토록 높을진대, 소신이 어찌 감히 그 뜻을 거스르겠습니까.

물론 비용을 이유로 화성 공사를 염려하는 목소리가 있는 것도 사실입니다. 그러나 소신은 그 문제도 걱정하지 않습니다. 전하께서 성곽 쌓는 데 필요한 예산을 미리 저축했다가 적절히 나눠 사용함으로써 나라 살림을 절대 축내지 않겠노라 하셨기 때문입니다. 소신은 전하의 말씀을 믿고 따르옵니다.

이런 까닭으로 소신은 성곽 쌓는 일을 반대할 이유가 없으며, 세간에 떠도는 말들은 간악한 자들이 퍼뜨린 유언비어임을 거듭 아뢰는 바입니다.

다만 전하께 한 가지 충언을 올립니다. 그것은 화성 공사의 기간에 관한 것입니다. 동양과 서양, 옛날과 지금을 가리지 않고 성곽의 역사를 살펴보건대 하나의 성을 쌓으려면 족히 10년이라는 어마어마한 세월이 걸리기 마련입니다. 더욱이 전하께서 계획하신 화성 성곽은 자그마한 읍성이 아닌 난공불락*의 커다란 성으로, 다 짓기까지 엄청나게 많은 세월이 걸리리라 짐작합니다.

아뢰옵기 송구하오나 아무리 전하께서 꼼꼼히 계획하시었더라도

---

*난공불락(難攻不落) 공격하기 어려워 쉽게 무너지지 않는다는 뜻의 한자성어예요.

성곽 쌓는 기간이 하염없이 길어진다면 나라 살림은 휘청거릴 수밖에 없고, 백성들의 삶은 고달파질 것입니다. 지금 우리 조선에 해결해야 할 과제가 산더미처럼 많은 만큼 공사 기간을 최대한 줄일 수 있도록 전하께서 더욱 마음 써 주시기를 엎드려 바라옵니다. 이만 줄이겠습니다.

역사의 우체통
조선을 뒤흔든 붕당 정치

조선을 쥐락펴락한 당파들

조선 중기에 접어들면서 정치하는 사람들은 각자 무리를 짓고, 편을 갈랐어요. 노론, 소론, 남인, 북인 등의 당파로 나뉜 것이지요. 이들 무리를 한자로 '벗 붕(朋)', '무리 당(黨)' 자를 써서 '붕당'이라고 했어요. 이러한 정치 형태를 '붕당 정치'라고 불렀고요.

조선 붕당 정치의 시작은 16세기 말 선조 때로 거슬러 올라가요. 중요한 벼슬 중 하나인 '이조전랑'에 누구를 임명할 것인가를 두고 신하들 사이에 의견이 갈렸어요. 그러면서 두 파로 갈라지게 되었는데, 한쪽 파를 '동인', 다른 한쪽 파를 '서인'이라고 했지요. 동인 대다수가 한양 동쪽에 살았고, 반대로 서인들은 한양 서쪽에 살고 있어서 그렇게 이름 붙었어요. 수적으로 우세한 위치를 차지하고 있던 동인은 동인 출신의 정여립이라는 인물이 역모죄로 처벌받은 '정여립 모반 사건'을 계기로 다시 남인과 북인으로 갈라져요.

　1623년 서인이 광해군을 몰아내고 인조를 왕으로 세우는 인조반정이 일어났어요. 이때부터 북인은 완전히 몰락하고 서인과 남인이 치열하게 대립하기 시작했지요. 현종 때 있었던 두 차례의 예송 논쟁이 대표적이에요. 예송 논쟁은 효종과 효종의 비인 인선왕후가 죽은 뒤, 효종의 계모인 조대비가 상복을 몇 년 동안 입어야 하는가를 놓고 벌어진 서인과 남인의 갈등이에요. 조선은 유교 국가였기 때문에 이러한 '예'의 문제가 매우 중요했거든요.

▲ 서인의 우두머리이자 노론을 이끌었던 송시열

　숙종 때에 이르면 붕당 싸움이 더욱 심화해요. 여러 번의 환국을 겪는 동안 남인과 서인이 번갈아 가며 정치의 주도권을 쥐게 되지요. 환국은 상황이 바뀌는 것, 그러니까 정권이 교체되는 것을 의미해요.

　이 시기, 서인은 숙종의 후계자 자리를 둘러싸고 다시 소론과 노론으로 나뉘었어요. 소론은 장희빈의 아들인 경종을, 노론은 영조를 지지했던 것이지요. 그러다 경종이 일찍 죽고, 영조가 왕위에 오르면서 노론이 권력을 독차지하게 돼요. 사도 세자를 모함해 죽음으로 몰고 간 세력도 노론이었고요. 이 때문에 노론은 정조가 왕이 되는 것을 두려워했어요. 정조가 왕위에 오르면, 자신들이 무사하지 못할 거라는 것을 알았거든요. 그리고 마침내 정조는 노론의 견제와 영조의 보호 속에서 왕이 되었어요.

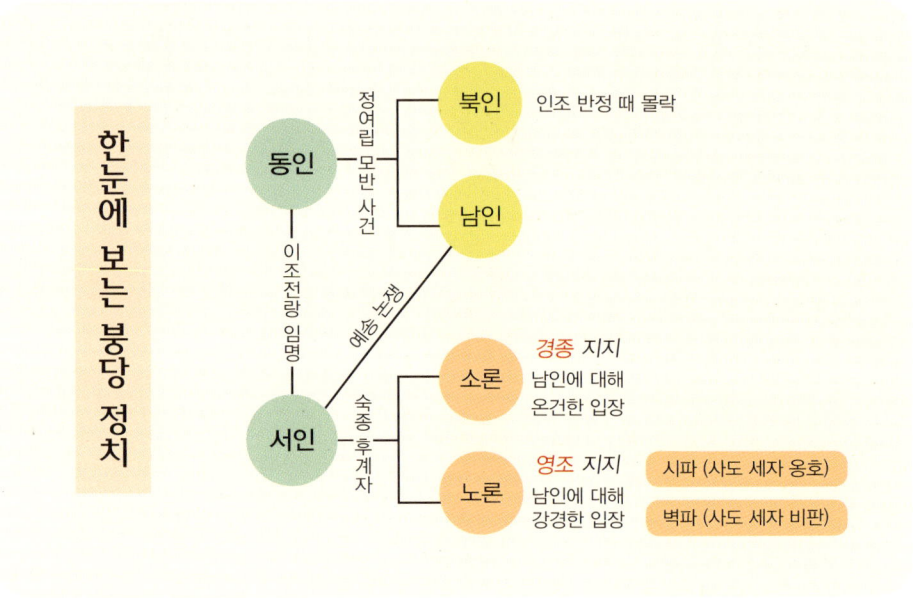

노론은 왜 정조의 개혁 정책을 반대했을까?

어렵게 왕위에 오른 정조는 조선을 발전시키기 위한 여러 가지 개혁 정책을 펼쳤어요. 그러나 노론은 정조의 개혁 정책을 못마땅해하며 사사건건 어깃장을 놓았어요. 남인과 소론의 인재를 뽑는 탕평책, 규장각을 통한

젊은 인재 육성, 신해통공, 장용영 설치, 서얼과 노비에 대한 차별 완화 등 정조가 추진하는 대다수의 개혁 정책은 노론이 오랫동안 독차지하던 권력을 약화시키는 것이었거든요. 다만 신해통공은 정조가 노론을 포함한 여러 신하의 의견을 물은 뒤 동의를 얻어 추진한 정책이었기 때문에 노론도 공개적으로 반대하지는 못했어요.

노론은 천주교(서학)에 대한 정조의 너그러운 태도에도 비판의 칼날을 세웠어요. 서학은 조선의 뿌리가 되는 유교 이념과 어긋나는 가르침을 전했거든요. 인간은 누구나 평등하다는 서학의 주장은 조선 사회 질서를 무너뜨릴뿐더러, 신분 제도에서 가장 우위를 차지하고 있는 노론에게는 불리하게 작용했지요.

노론은 정조가 사도 세자의 묘를 수원으로 옮기고, 팔달산 아래에 화성을 짓는 것도 달갑지 않았을 거예요. 정조가 한양에서 화성으로 도읍을 옮기려는 것은 아닐까, 화성을 중심으로 왕권을 더 강력하게 키운 다음 자신들을 몰아내려는 것은 아닐까 불안했을 테니까요. 그러나 정조가 화성을 건설하면서 백성들에게 이주 비용을 주고, 또 공사에 동원한 백성들에게도 임금을 지급했으며, 공사 비용도 미리 준비해 두었기 때문에 노론 입장에서도 대놓고 반대할 이유가 없었어요.

그럼더라도 채제공이나 정약용, 조심태 등 노론과 적대적인 관계에 있는 남인들에 의해 화성 건설이 이루어지는 것은 무척 경계했지요. 그래서 책임자들이 공사비를 빼돌려 사리사욕을 채운다든가, 공사비를 마련하기 위해 벼슬자리를 뇌물 받고 팔았다는 등의 유언비어를 퍼뜨리기도 했어요.

심환지와 나눈 격 없는 비밀 편지, 「정조 어찰첩」

  2009년, 정조가 심환지에게 보낸 299통의 비밀 편지가 무더기로 발굴되었어요. 편지는 정조가 죽기 전 4년 동안인 1796년 8월부터 1800년 6월까지 쓰여진 것으로, 정조 임금의 편지를 묶어 놓은 책이란 뜻에서 「정조 어찰첩」이라 불려요.

  심환지는 김종수의 뒤를 이은 노론 벽파의 우두머리로서, 사도 세자의 죽음이 옳았다고 주장하는 사람들 중 하나였어요. 그래서 어찰첩이 발견되기 전에는 정조와 심환지가 정치적으로 강하게 대립했을 거라는 주장이 지배적이었어요. 심지어는 심환지가 정조를 독살했다는 설이 퍼지기도 했지요. 그러나 어찰첩을 통해서 실제로 정조와 심환지가 정치에 관한 의견을 주고받을 만큼 가까웠다는 사실이 드러났어요. 또 정조가 죽기 몇 년 전부터 지병 때문에 괴로워했다는 사실도 알게 되었고요. 이런 까닭에 심환지가 정조를 독살했다는 주장도 설득력을 잃고 말았어요.

  정조는 심환지와 편지를 주고받으면서도 그 사실이 밖에 새어 나가지 않도록 단속했어요. 다른 사람들의 귀에 이 사실이 알려지면 세상이 발칵 뒤집힐지도 모른다고 생각한 거예요. 그래서 심환지에게 편지를 읽은 직후 없애 버리라고 단단히 일렀어요.

  정조의 당부에도 불구하고 심환지는 편지를 몰래 보관했다가 후대 사람들에게 전해 주었어요. 훗날 정치적으로 불리한 일이 생기면 정조가 보낸 편지가 도움이 될 것이라 생각한 게 아닌가 짐작돼요. 다만 심환지가 정조에게 보낸 편지는 발견되지 않았어요.

흥미로운 것은 편지의 내용이에요. 편지에 드러나는 정조의 성격이 우리가 생각하던 점잖은 성군과는 거리가 멀었거든요. 다른 신하를 '호로자식', '젖비린내 나는 놈'이라고 칭하며 흉보았고, '볼기를 까고', '꽁무니 빼다'와 같은 속어를 거침없이 사용했어요. 그리고 편지에는 한자어인 '가가(呵呵)'라는 단어가 많이 등장하는데, 이는 '껄껄', 그러니까 요즘으로 치자면 'ㅋㅋ'에 해당하는 말이에요.

정조는 어릴 때부터 편지쓰기를 즐겼다고 해요. 심환지뿐만 아니라 다른 신하들과도 편지를 주고받으며 정치를 의논하는가 하면, 사사로운 안부를 묻거나 백성들의 사정을 살피곤 했어요.

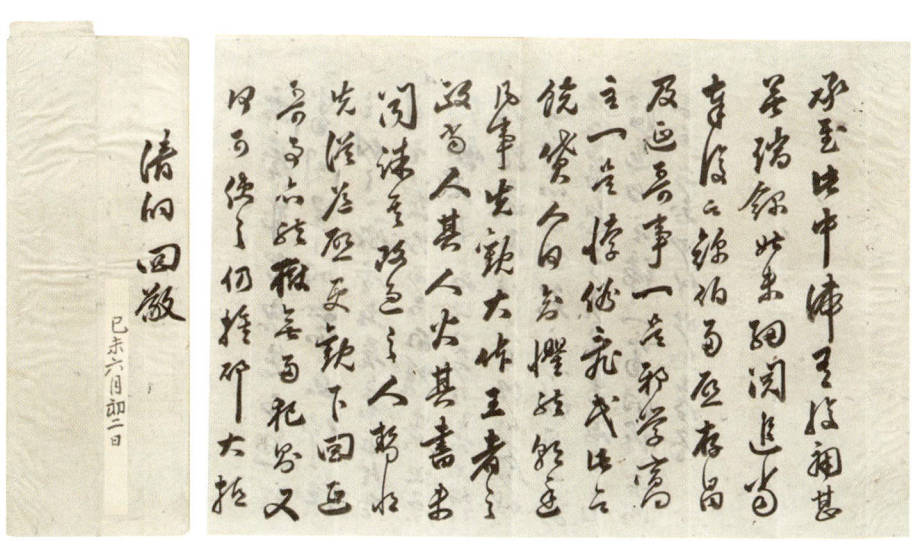

▲ 정조가 심환지에게 보낸 편지

4장 붕당의 시대, 노론과 맞서다

생각하는 역사

남인? 노론?
정조는 누구 편?

　일반적으로 정조는 남인을 가까이하고 노론과는 적대적 관계에 있었다고 알려져 있어요. 물론 사도 세자의 죽음에 노론이 관련돼 있고, 노론의 권력이 매우 강했던 만큼 정조가 노론을 견제했던 것은 사실이지만 그렇다고 무조건 배척하지만은 않았어요.

　임금이 된 정조는 노론을 어떻게 다스릴까 고민했어요. 노론 안에서도 사도 세자의 처벌을 강하게 주장하고 정조의 즉위까지 막으려 했던 강경파(벽파)와 사도 세자의 죽음을 안타까이 여기고 정조에게도 우호적이었던 온건파(시파)로 나뉘었어요. 정조는 강경파는 제거하고 온건파는 받아들이는 쪽을 택했어요.

　이는 필요한 인재라면 당파에 상관없이 등용하겠다는 탕평책의 차원이기도 했어요. 그리고 어느 정도 노론 세력을 남겨 놓아야 남인 등 다른 당파에서도 경계를 놓지 않을 거라고 생각했던 것이지요. 어느 한쪽에 힘을 몰아주기보다는 여러 당파가 비슷한 힘을 가지고 조정을 운영하길 바랐거든요.

정조는 노론이 자신의 개혁 정책에 거세게 반발할 때에도 그들의 우두머리인 김종수나 심환지 같은 신하와 충분히 소통하며 설득했어요. 김종수와 심환지는 노론 강경파에 해당하는 인물들이었지만, 좌의정과 우의정을 지내며 정조의 곁에서 정치적 조언을 아끼지 않았어요. 김종수는 정조의 세손 시절 스승이기도 했고요. 심환지는 「정조 어찰첩」에서 드러나듯, 정조와 편지를 주고받으며 정치를 의논했어요.

이처럼 정조는 탕평의 방향 아래, 남인과 노론을 가리지 않고 고루 등용했어요. 무조건 남인의 말만을 따른 것도 아니고, 노론과 대립하기만 했던 것도 아니었지요.

❶ 붕당 정치의 장점과 단점에 관해 생각해 보세요.

❷ 정조는 왜 심환지에게 자신이 보낸 편지를 모두 없애라고 일렀을까요?

❸ 정조는 왜 자신의 개혁 정책을 반대하는 노론을 모두 제거하지 않고 남인과 동등한 힘을 주려고 했을까요?

5. 노동의 대가를 지불하다

정조는 화성 공사에 참여하는 일꾼들에게
일한 만큼의 보수를 주고, 이따금 선물을 내렸어요.
백성의 노동력을 함부로 여기지 않은 것이지요.

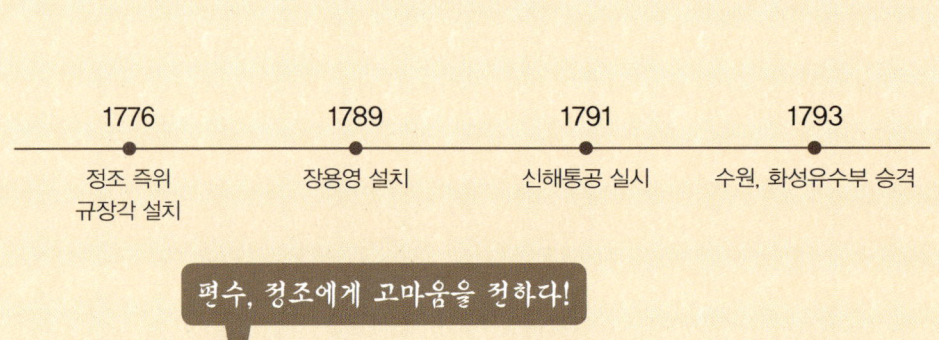

1776	1789	1791	1793
정조 즉위 규장각 설치	장용영 설치	신해통공 실시	수원, 화성유수부 승격

편수, 정조에게 고마움을 전하다!

1794	1796	1800	1801
수원 화성 공사 시작	수원 화성 완성	정조 죽음 후 순조 즉위	『화성성역의궤』 발간

편수가 정조 대왕께 올림

    하늘보다 높으신 주상 전하께 한강 백사장의 모래알처럼 미천한 백성 하나가 두 손 받들어 글월 올립니다.

    소인은 강원도 양양에서 올라와 화성 성곽 공사 현장에서 일하고 있는 편수이옵니다. 서른 명의 목수를 거느리고 성문 지붕의 추녀며, 장대 만드는 일 따위를 하고 있지요. 서툴기 짝이 없는 글솜씨로 붓을 든 까닭은 전하께서 미천한 소인들에게 내려 주시는 크나큰 은혜에 감사한 마음을 올리기 위함입니다.

    얼마 전 전하께서는 곧 닥쳐올 추위에 대비하라며 편수를 비롯해 장인 한 명 한 명에게 따뜻한 털모자와 무명 한 필씩을 내려 주셨습니다. 소인은 털모자와 무명을 받아 들고 전하가 계신 한양 대궐을 향해 큰절을 올렸습니다. 그리고 하염없이 눈물 흘렸습니다. 백성들을 아끼시는, 털모자보다도 따뜻한 전하의 진심을 온 가슴으로 느꼈기 때문입니다. 전하의 은덕을 받아 저희 편수와 장인들은 올 겨울 추위에 떨거나 동상에 걸리는 자 하나 없이 성곽 쌓는 일에 정성을 다할 수 있을 것입니다.

어디 그뿐이오리까. 성곽 공사를 시작한 지난해 봄에는 전하께서 제중단이라는 귀한 환약을 내려 주셨지요. 배탈이 나서 고생을 하다가도 제중단만 먹으면 언제 그랬냐는 듯 말끔히 나아 저희 모두 안심하고 성 쌓는 일에 전념할 수 있었습니다.

그로부터 한 달 뒤에는 무더운 여름이 오기에 앞서 더위 병을 물리칠 수 있는 척서단까지 하사하셨습니다. 장인들은 물론이고 잡일꾼들에게까지 귀한 환약을 주시니, 덕분에 소인들은 저마다 척서단을 정화수에 타 마시며 더위와 갈증을 거뜬히 이겨 냈습니다.

유독 올여름 더위는 우악스럽게 기승을 부렸습니다. 한시라도 빨리 화성을 짓는 것이 우선일 터, 그럼에도 불구하고 전하께서는 날씨가 선선해질 때까지 공사를 중단하라고 명하셨지요. 아마 그러지 않고 공사를 강행했더라면 불볕더위에 장인들이며 잡일꾼이며 쓰러져 나자빠

진 자가 한둘이 아니었을 것입니다.

이처럼 전하께서 화성 성곽 공사 현장에서 일하는 백성들의 건강을 세심히 챙겨 주시니 소인들은 얼마나 감사한지 모릅니다. 선대의 어느 임금께서도 하시지 못한 일을 하여 주심에 미천한 소인들은 요임금과 순임금*이 결코 부럽지 않사옵니다.

---

*요임금·순임금 중국 고대 전설에 나오는 임금들이에요. 나라를 아주 잘 다스려 근심 걱정 없는 평안한 시대를 이루었다고 해요.

이에 그치지 않고 전하께서는 장인이든, 한낱 잡일꾼이든 그날그날 일한 만큼의 임금을 넉넉하고 정확하게 지급하셨습니다. 일하여 얻은 대가는 소인들에게 크나큰 힘이 되고, 덕분에 즐겁고 기쁜 마음으로 공사에 임할 수 있었습니다. 과거에는 나라에서 큰 공사를 할 때면 반강제로 끌어와 일을 시키고, 임금도 주지 않은 일이 태반이었는데 말이지요. 소문난 장인이라 할지라도 공사에 의무적으로 참여시키고서는 생계에 도움도 되지 않을 작은 푼돈만 지급하지 않았는지요.

그러나 전하께서 하루하루 일한 대가로 그에 걸맞은 임금을 챙겨 주시니 모두 더 적극적으로 일하고 있습니다. 소인도 내가 고향에 부치는 돈으로 아내와 자식이 세끼 밥을 배불리 먹는 것을 생각하면 힘들어도 힘든 줄 모르고 일합니다.

이왕 용기 내어 전하께 올릴 글월을 쓰는 마당에 또 하나 빼놓을 수 없는 것이 있습니다. 그것은 바로 전하께서 틈만 나면 공사 현장에 행차하시어 장인과 일꾼들을 격려하고 맛난 음식을 내려 주신 일입니다. 여름 더위에 지칠 무렵이면 어김없이 고기와 떡, 술을 나눠 베풀어 주셨지요. 소인들에 대한 격려와 위로도 아끼지 않으셨고요.

지난번 동장대 너른 뜰에서 전하께서 호궤* 한턱을 내리신 날의 광경이 지금도 눈앞에 그린 듯 생생합니다. 목수, 석수, 미장이, 대장장이, 그리고 한낱 잡일꾼에 이르기까지 전하께서 내리신 밥 한 그릇과 국 한 그릇, 자반 두 마리가 놓인 상을 받았습니다. 그때 소신들이 느낀 감격스러움이며 맛남을 어떻게 말로 다 표현하리이까.

한편 공사 현장에서는 무거운 돌과 목재에 깔려 죽거나 부상당하는 일이 많습니다. 그러나 화성 공사 현장에서는 그런 자가 한 명도 없었습니다. 거중기와 유형거 등의 기계를 쓰는 덕분입니다. 혹여 누구라도 일하다 다치기라도 하면 팔달산 북서쪽에 있는 의원에 입원시켜 치료하고, 하루 일당의 절반을 주셨으니 참으로 감사한 일이 아닐 수 없었습니다. 더구나 소인은 여러 목수를 이끄는 편수이기에 공사 현장에서 모두가 안전하게 일할 수 있다는 것이 얼마나 기쁜지 모릅니다.

무릇 성곽 쌓는 일은 아무리 훌륭히 설계했다 하더라도 장인과 잡일꾼들이 없다면 이룰 수 없는 일일진대, 이처럼 전하께서 미천한 소인들의 가치를 알아주고 따사로운 은덕까지 내려 주시니 눈물겹사옵니다.

---

*호궤 음식을 베풀어 고생을 위로하는 것을 말해요. 주로 전쟁이 끝나고 군사들의 노고를 치하하기 위해 열었어요.

이런 까닭에, 지금 수원에서 성곽 쌓는 일을 하는 장인과 일꾼들은 나이의 많고 적음에 상관없이 모두 전하의 성은에 몹시 감사하고 있습니다. 그 은혜에 보답하기 위해 더욱 열심히 일하고 있습니다.

미천한 백성의 서툴기 짝이 없는 글월을 전하께서 읽어주심을 영광으로 여기며 이만 마치옵니다.

역사의 우체통
화성을 만든 사람들

누가 화성을 지었을까?

화성 공사에는 석수, 목수, 미장이, 기와장이, 대장장이, 화공 등 22개 직종에서 1,840명의 장인과 막일꾼이 참여했어요.

석수
662명

목수
335명

미장이
294명

와벽장이*
150명

톱장이
89명

***와벽장인** 벽돌 굽는 장인을 말해요.

대장장이 83명　**가칠장이*** 48명　**화공** 46명　**기와장이** 34명　**기타** 99명

　기타에는 톱을 당기는 톱장이, 맷돌을 만드는 마조장, 병풍을 만드는 병풍장, 문짝 고리나 돌쩌귀를 만드는 박배장, 석회를 굽는 회장이 같은 이들이 해당돼요.

　출신 지역별로 살펴보면 한양에서 온 장인이 1,100명으로 절반을 훌쩍 넘었고 이어서 경기도, 충청도, 전라도, 경상도 출신 순으로 많았어요. 저 멀리 강원도와 함경도에서 온 사람도 있었고요. 특히 목수와 화공 가운데는 스님이 많았답니다.

　편수는 장인의 우두머리를 일컫는 말이에요. 자신이 속한 직종에서 일반 장인들을 거느리며 맡은 바 일을 책임졌어요. 모든 직종에 편수가 있었던 것은 아니고 석수, 목수, 미장이, 기와장이, 벽돌장이, 대장장이 등 여섯 개 직종에만 있었어요. 보통 편수 1명이 일반 장인 30명 정도를 거느렸어요.

***가칠장인** 기와를 단일색으로 칠하는 단청 장인을 말해요.

▲ 김홍도의 그림에서 조선 시대 대장장이, 목수, 기와장이의 모습을 발견할 수 있다. 그림은 왼쪽부터 「대장간」, 「기와이기」.

『화성성역의궤』의 이름들

화성 공사에 참여한 사람들의 이름이 재미있어요. 공사가 끝난 후 나라에서는 공사 과정을 낱낱이 기록한 『화성성역의궤』를 펴냈는데, 거기에는 장인뿐만 아니라 관료, 막일꾼, 노비에 이르기까지 공사에 참여한 모든 사람의 이름이 적혀 있어요. 그런데 평민들의 경우 듣기만 해도 어떤 뜻으로 지었는지 짐작할 수 있는 이름이 많아요.

먼저 최큰노미, 김자근노미는 키의 크고 작음에 따라 '큰놈'과 '작은놈'을 소리 나는 대로 적은 거예요. 김개노미, 김언노미 같은 이름에는 욕이 섞여 있고요. 생김새를 본떠 지은 이름도 있어요. 이혹불은 혹이 튀어나온 사람, 최유토리는 도토리처럼 작고 단단한 사람을 뜻하거든요.

박장쇠, 윤좀쇠, 박가랑쇠처럼 '쇠' 자가 붙은 이름은 금붙이, 즉 돈을 많이 벌어 부자로 살라는 뜻에서 지었어요. 박복돌, 고검돌, 서귀돌과 같이 '돌'이 들어간 이름은 쉽게 변하지 않고 단단한 돌처럼 오래오래 건강하게 살라는 바람을 담고 있지요.

덕분에 우리는 조선 시대 평민들의 이름이 어땠는지를 알 수 있어요. 아울러 이름에서 드러나듯 제아무리 신분이 낮은 사람이라 하더라도 빼놓지 않고 의궤에 기록하도록 한 정조의 백성 사랑도 미루어 짐작할 수 있고요.

정조가 지급한 노동의 대가

정조는 화성 성곽 공사에 참여한 장인과 인부들에게 임금을 지급했어요. 일꾼에게 임금을 주는 것은 당연한 일이지만, 조선 시대 때 나라에서 하는 큰 공사에 동원된 백성들은 아무런 대가도 받지 못하고 시키는 대로 일을 해야 했거든요. 이것을 '부역의 의무'라고 했어요.

특히 관청에 속한 장인들은 1년 중 일정 기간 동안 의무적으로 관청에서 하는 공사에 참여해야 했어요. 17세기 중반부터는 돈이나 옷감 등을 내는 것으로 부역의 의무를 대신할 수 있었지요. 돈을 주어 일꾼을 고용하고 백성들의 강제 부역이 사라진 것도 이 시기부터였어요.

　그러나 장인들은 여전히 나라에서 하는 공사에 강제로 끌려가 일했고, 공사장에 나온 날의 수에 따라 쌀을 받았어요. 18세기에 이르러서는 전문 기술자인 장인이 받는 급료가 잡일꾼과 비슷하거나 오히려 더 적어지는 경우도 생겼어요.

　정조는 첫째 아들 문효 세자가 어려서 일찍 죽자, 그 사당을 짓는 공사에서 장인들에게 직종에 따른 임금을 주기 시작했어요. 장인들은 더 많은 임금을 받기 위해 더 열심히 일했지요.

　화성 공사에서도 마찬가지였어요. 정조는 일정한 기준을 정하고 그 기준에 맞추어 임금을 지급했어요. 예를 들면 석수는 두 명이 한 패가 되고 하루에 쌀 6되와 돈 4전 5푼을 받는 식이었지요. 대장장이는 세 명이 한 패가 되어 돈 8전 9푼을 받았고요. 석수나 대장장이보다 일의 비중이 적은 벽돌장이는 쌀 3되와 돈 2전을 받았어요. 특별한 기술 없이 돌을 짊어지고 나르는 짐꾼은 12명을 한 패로 하되 하루 3전씩, 단순한 노동을 하는 잡역부는 30명이 한 패를 이루고 하루 2전 5푼씩을 받았어요.

　그리고 공사를 빨리 끝내기 위해 백성을 함부로 부리거나 무리하게 일을 진행하지 않았어요. 공사 도중 유례없는 무더위가 찾아오자, 정조는 백성들의 건강을 염려해 공사 중단을 지시했지요. 더위 먹은 병을 낫게 하는 약도 내려 주었어요. 나라에 흉년이 들었을 때에도 정조는 백성을 돕는 것이 우선이라며 화성 공사를 중단시켰어요. 얼마나 오래 걸릴지 모르는 공사를 중지시키는 것은 너무 큰 위험이었기 때문에 신하들의 반대도 만만치 않았지만, 정조는 무엇보다 '백성'을 최우선으로 생각하고 뜻을 굽히지 않았어요.

공사 중 예산 문제에 부딪쳐 일꾼을 더 고용하지 못하게 되는 일도 있었어요. 이 역시 백성을 동원해야 한다는 일부 신하들의 주장에도 불구하고, 정조는 끝내 백성을 강제로 끌어오지는 않았어요.

6. 백성의 소리에 귀 기울이다

조선의 왕과 백성은 아주 멀리 떨어져 있어서
얼굴을 마주할 기회가 드물었어요.
그러나 정조는 자주 궁궐 밖 행차에 나서며
백성의 목소리를 들으려 노력했어요.

1776	1789	1791	1793
정조 즉위 규장각 설치	장용영 설치	신해통공 실시	수원, 화성유수부 승격

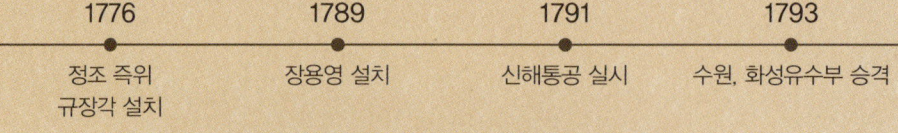
화성 백성, 정조에게 억울한 사정을 알리다!

1794	1796	1800	1801
수원 화성 공사 시작	수원 화성 완성	정조 죽음 후 순조 즉위	『화성성역의궤』 발간

화성 백성이 정조 대왕께 올림

전하, 소인은 화성에서 남의 논밭을 빌려 농사를 짓고 살아가는 가난한 농부입니다. 전하께옵서 이번에 또다시 화성에 행차하신다는 소식을 듣고 상언을 아뢰고자 급히 달려왔사옵니다.

억울한 사정을 하소연하기에 앞서 새 고을 화성에 사는 백성의 한 사람으로서 전하의 성은에 엎드려 깊이 감사의 마음부터 올리고자 합니다.

소인을 비롯한 이곳 백성들은 나날이 활기차게 바뀌어 가는 화성을 보며 전하께 몹시 감사하고 있습니다. 전하께서도 행차하실 때마다 보셨겠지만, 이곳에는 관청을 중심으로 양쪽에 길게 뻗은 길가에 쌀 가게, 생선 가게, 옷감 가게, 그릇 가게, 철물 가게, 종이 가게 등 없는 가게가 없을 정도로 많은 가게가 줄줄이 늘어서 있습니다. 그래서 백성들이 필요한 물건을 사고팔기에 아주 편리합니

다. 돈 많은 자들은 물론이고, 적은 돈으로 장사를 시작한 소상인들도 몰리어 작은 가게도 많이 들어섰습니다.

더욱이 전하께서 화성 주변에 버려진 땅을 일구어 커다란 농장인 '대유둔전*'을 세워 주신 덕분에 새로운 일자리도 많이 생겼습니다. 농사에 필요한 물을 언제라도 댈 수 있도록 '만석거'라는 저수지도 만들어 주셔서 소인 같은 농사꾼들은 가뭄 걱정도 하지 않게 되었습니다.

---

*둔전 관아에 속한 토지를 말해요. 여기서 얻어지는 수입의 일부로 나라 살림을 충당했어요. 보통 지역에 있는 군대의 양식을 마련하기 위해 설치했어요.

　전하께서 현륭원 참배를 위해 화성에 자주 행차하심에 따라 하늘처럼 높으신 임금님을 자주 뵐 수 있는 호사를 누리게 된 것도 참으로 감사한 일입니다. 지난번 행차에 전하께서 군복을 갖추고 말 위에 올라앉으신 모습이 어찌나 늠름하시던지요!

　사실 예전에는 어느 고을에 나라님이 행차하신다고 하면, 그 고을 백성들은 여간 힘든 게 아니었습니다. 세금도 더 내야 하고, 행차 길을 닦는 데 끌려가야 했으니까요. 그리하고서도 정작 나라님이 지나가실 적에 고개를 땅에 처박은 채 감히 뵐 수 없었으니, 외람된

6장 백성의 소리에 귀 기울이다

말이지만 그 시절 백성에게는 임금님 행차가 결코 반갑기만 한 일이 아니었습니다.

하오나 전하께서는 행차하실 때마다 백성들에게 행복과 보람을 선사하셨습니다. 누구라도 전하의 용안과 옥체를 자유로이 볼 수 있게 해 주시었으니 말입니다.

최근 혜경궁 마마님의 회갑 잔치를 열기 위해 행차하셨을 때, 이곳 백성들은 현륭원에 참배하시는 전하의 효심을 직접 확인하고 깊은 감명을 받았습니다. 게다가 잔치를 열어 가난하고 불우한 백성에게 쌀을 주고, 노인들은 행궁으로 불러 양로 잔치까지 베풀지 않으셨습니까. 소인의 늙은 아비도 그날 행궁에 가서 전하를 직접 뵈옵고 받아 온 비단을 가보로 여기며 고이 간직하고 있을 정도인데, 이 성은을 어느 날에 갚을 수 있을는지요.

소인 미천한 식견으로나마 알고 있습니다. 이 모든 일이 백성을 사랑하고 아끼는 전하의 마음에서 나왔다는 것을요. 그래서 화성 백성들은 성군이 나셨다며 한목소리로 외치고, 늘 전하의 은혜를 잊지 않고 있습니다.

전하, 몹시 송구하오나 이제부터는 소인의 억울한 사정을 아뢰고자 합니다. 전하의 심기를 어지럽힐 만한 이야기인지라 차마 고하기 힘들었지만, 고양이 앞에 놓인 들쥐보다도 못한 어린 백성을 가

없이 여기시어 끝까지 읽어 주시기를 엎드려 간절히 바라옵니다.

앞서 고한 대로 화성이 나날이 발전하고 백성들도 새 고을에서의 삶에 잘 적응해 가고 있으나, 여전히 썩어 빠진 탐관오리와 탐욕스러운 지주가 피고름을 쥐어짜는 바람에 죽지 못해 사는 농민도 많습니다. 전하께서 백성을 위해 이리 애를 쓰시는데, 부패한 자들은 변하지 않으니 그간 농민들이 당한 핍박과 설움을 어찌 다 말로 헤

6장 백성의 소리에 귀 기울이다

아릴 수 있겠습니까. 아무리 열심히 농사를 지어도 거둔 곡식을 지주에게 바치고, 나라에 세금까지 내고 나면 남는 것이 없어 식구들 입에 풀칠도 어려운 실정입니다.

소인을 비롯한 많은 농민이 추수한 지 얼마 지나지 않았음에도 한 달째 밥 구경은 하지도 못하고 멀건 죽으로 끼니를 때우고 있습니다. 농사가 제법 잘 되었건만 고을 아전이 추수를 기다렸다는 듯 터무니없는 세금을 거둬 가고, 지주에게도 많은 곡식을 바친 까닭입니다.

그뿐 아니오이다. 관아에서 군포*를 받을 때는 마땅히 나라에서 정한 규격대로 만든 자를 쓰는 것이 옳은 일 아닙니까? 하오나 소인이 사는 곳에서는 정해진 규격보다 길이가 훨씬 긴 자로 군포를 재는 바람에 백성들의 고통이 얼마나 큰지 모릅니다. 소인도 절름발이라 군대에 갈 수 없어 군포를 바치고 있는데, 이처럼 억울한 일을 당하느니 차라리 세상을 등지겠다는 생각이 들 정도입니다. 심지어는 갓 태어난 사내아이까지 병사로 등록시켜 놓고, 군역을 지지 못하니 군포를 내라며 관아에서 횡포를 부려댄다고 합니다. 이런 원통하고 억울한 일이 어디 있겠습니까.

이에 전하께 엎드려 바라옵니다. 자신의 탐욕을 위해 간악한 짓을 일삼고 나라에서 정한 법을 함부로 어겨 백성들을 고통스럽게 하는

***군포** 조선 시대에 군 입대를 면제하는 조건으로 베(옷감)를 내는 일종의 세금 제도예요.

자들을 엄한 벌로 다스려 주옵소서.

　전하께서 강건히 오래오래 사시기를 바라는 마음을 담아 이만 상언 올리옵니다.

역사의 우체통

화성에 깃든 정조의 애민정신

조선의 민원 창구, 상언과 격쟁

　우리는 일상에서 문제가 생기면 행정기관을 통해 나라에 해결이나 도움을 요청하곤 해요. 이것을 '민원'이라고 하지요. 조선 시대에도 백성들이 억울한 일을 당했을 때나 불편한 점이 있을 때 그 사정을 나라에 알리고 하소연할 수 있는 제도가 있었어요. 바로 신문고, 상언, 격쟁이에요.

　신문고란 백성이 억울한 일을 하소연할 때 치게 한 북이에요. 대궐 밖 문루에 걸어 두고, 백성이 신문고를 쳐서 제 처지를 알리면 나라에서 해결해 주었어요. 오늘날 사법 기관에 해당하는 의금부가 신문고를 관리했어요. 그러나 아무나 자유롭게 신문고를 이용할 수는 없었어요. 신문고를 치기까지의 절차가 까다롭고 복잡할뿐더러, 고발할 수 있는 내용도 제한돼 있었기 때문이에요. 그래서 관리나 양반들이 주로 이용했어요. 일반 백성을 비롯해 지방에 사는 사람, 노비들은 신문고를 이용하기 어려웠어요.

▲ 김씨 부인이 영조에게 바친 상언

　상언은 임금이 행차할 때 억울한 사정을 글로 써서 알리는 것을 말해요. 격쟁은 행차하는 임금 앞에서 징이나 꽹과리를 두드려 억울함을 호소하는 제도였지요. 상언은 문서를 올리는 것이므로, 주로 글을 아는 양반층에서 사용했고 격쟁은 소리로써 호소하는 방법이라 글을 모르는 평민들이 사용했어요.

　특히 정조는 66번이나 궁궐 밖 행차에 나서며 백성들이 상언과 격쟁의 방법으로 자신의 사정을 전할 수 있도록 했어요. 정조가 직접 판결했던 민원만 해도 상언은 3,092건, 격쟁은 1,335건이나 된다고 해요.

　백성의 소리를 직접 듣고 해결하려 노력했던 것이지요. 그래서 정조 때에 올라온 상언과 격쟁이 유난히 많았다고 해요.

6장 백성의 소리에 귀 기울이다

백성의 삶을 생각한 임금

정조는 백성을 무척 아끼고 사랑한 왕으로 알려져 있어요. 화성에서도 정조의 애민 정신을 찾아볼 수 있어요.

정조는 '둔전'과 '만석거'라는 저수지를 만들었어요. 둔전은 재정을 마련하기 위해 나라에서 운영하는 토지를 말하는데, 주로 그 지방 군인들이 둔전에 농사를 지었어요. 정조는 화성 인근의 땅을 개간해서 둔전으로 활용했어요. 그리고 농사에 무엇보다 중요한 '물'을 얻기 위해 만석거를 만들었어요. 정조는 둔전의 일부를 백성에게 나누어 주고, 저수지를 활용해 가뭄에도 불편 없이 농사를 지을 수 있도록 했어요. 덕분에 화성 백성들은 안정적으로 농업에 종사하며 살아갈 수 있었어요.

▲ 수원에 있는 만석거. 현재 만석 공원으로 이용되고 있다.

생각하는 역사

정조는 왜 '을묘원행'을 떠났을까?

1795년 을묘년 조선에 진풍경이 벌어졌어요. 창덕궁을 나와 수원으로 향하는 긴 행렬이 이어진 것이지요. 화려한 깃발이 나부끼고 웅장한 음악이 흐르는 행렬의 중심에는 정조가 있었어요. 을묘년에 떠난 행차, 이게 바로 정조의 을묘원행이에요.

화성 성곽 공사가 한창 진행 중이던 1795년은 정조에게 매우 뜻깊은 해였어요. 임금이 된 지 20년이 되었고, 어머니 혜경궁 홍씨가 회갑을 맞았지요. 사도 세자도 혜경궁 홍씨와 나이가 같았기 때문에 살아 있었다면 같은 해에 회갑을 맞았을 거예요.

그래서 정조는 그해 2월 화성에 행차해 현륭원을 참배하고 화성 행궁에서 혜경궁 홍씨의 회갑연을 성대하게 열었어요. 혜경궁 홍씨의 회갑은 원래 6월이었지만, 백성들에게 피해를 주지 않기 위해 바쁜 농사철을 피해 넉 달 앞당겨 잔치를 치른 것이었지요.

을묘원행은 정조의 효심을 백성들에게 널리 알리는 행사였어요. 그리고 사도 세자를 죽음에 이르게 한 노론에 대한 경고이기도 했어요.

크고 화려한 행사를 통해 왕실과 임금의 권위를 만천하에 알리고, 화성이 조선의 앞날을 이끌 고을이라는 사실도 상징적으로 드러내고자 했지요.

을묘원행은 정조가 연 정치적 행사 중 가장 컸다고 여겨질 정도로 그 규모가 어마어마했어요. 당시 정조를 따라온 인원만도 6천여 명이나 되었고, 동원된 말은 778필이나 됐어요. 현륭원 참배와 회갑 잔치 말고도 특별 과거 시험, 군사 훈련 등의 행사도 곁들여 8일 동안이나 이어졌어요.

을묘원행 여섯째 날, 정조는 형편이 어려운 화성 주민에게 쌀을 나눠 주었어요. 이는 화성 전체 인구 10분의 1에 해당하는 수였어요. 또 화성에 사는 노인들을 초대해 양로 잔치를 베풀어 음식을 내리고, 비단 1필씩을 주기도 했어요.

화성 행차가 끝난 뒤에는 을

▲ 『화성능행도병풍』 중 「환어행렬도」 부분

묘원행의 준비 과정과 행사의 모든 내용을 기록한 『원행을묘정리의궤』를 편찬하게 했어요. 의궤에는 행차와 회갑연 장면과 함께 음식과 복장, 행사 기구 등이 자세하게 기록돼 있어요. 글은 물론이고 그림으로 그려 놓아 더 생생하게 느낄 수 있지요. 특히 화성으로 향하는 정조의 행렬을 63쪽에 걸쳐 그린 '반차도'를 통해 성대했던 을묘원행의 모습을 확인할 수 있어요.

❶ 정조는 왜 혜경궁 홍씨의 회갑 잔치를 화성에서 열었을까요?

❷ 화성 주민들은 정조의 을묘원행을 어떻게 생각했을까요? 좋아했을까요, 싫어했을까요?

7. 화성을 기록하여 남기다

정조는 화성 건설과 관련된 모든 내용을
낱낱이 기록해 책으로 남겼어요.
화성은 우여곡절 많은 역사와 함께 헐고 무너졌지만,
기록으로써 본래의 모습을 되찾을 수 있었어요.

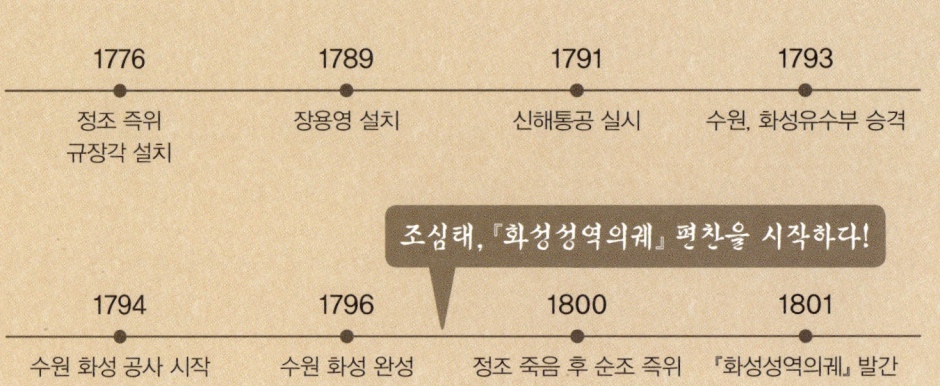

1776	1789	1791	1793
정조 즉위 규장각 설치	장용영 설치	신해통공 실시	수원, 화성유수부 승격

조심태, 『화성성역의궤』 편찬을 시작하다!

1794	1796	1800	1801
수원 화성 공사 시작	수원 화성 완성	정조 죽음 후 순조 즉위	『화성성역의궤』 발간

조심태가 정조 대왕께 올림

전하, 소신 조심태이옵니다. 오늘 전하께 글월 올리는 까닭은 화성 성곽 공사의 모든 것을 기록하고 서책으로 남기라고 명하신 것과 관련해 아뢸 말씀이 있기 때문입니다.

우선 얼마 전 전하께서 서찰을 보내시어 화성 공사를 순조롭게 마친 것을 칭찬하고 큰 상을 주심에 소신은 몸 둘 바를 몰랐습니다. 부족하기 짝이 없는 어리숙한 신하의 기운을 이토록 북돋워 주시니 성은이 망극할 따름입니다.

소신은 지난 2년 8개월간 화성 공사 현장을 총지휘했던 것을 가문의 영광으로 여기며, 이같이 막중한 일을 맡겨 주신 전하께 깊이 감사하고 있습니다. 화성 공사는 조선 역사에 길이 빛날 대규모 건축 공사이자, 많은 백성의 피땀 어린 노력과 새로운 건축 도구들이 만들어 낸 뜻깊은 사업이었기 때문입니다.

화성을 쌓으려면 10년도 부족하리라 예상했는데, 3년도 채 되지 않은 기간에 성공적으로 마무리할 수 있었으니 이는 분명 하늘의 보살핌이라 생각됩니다. 아울러 공사가 진행되는 동안 전하께서 관심과 사랑으로 일꾼들을 격려하지 않으셨다면 이토록 아름답고 튼튼한 성곽을 쌓을 수는 없었을 것입니다. 화성을 완성한 날, 소신을 비롯해 공사에 참여한 장인과 일꾼들은 벅찬 감격을 이기지 못하고 전하가 계신 한양 대궐을 향해 엎드려 절하였습니다.

화성 공사가 성공적으로 끝났으니 전하의 말씀대로 그 과정을 낱낱이 기록해 후대 사람들에게 마땅히 알려야 한다고 생각합니다. 이에 소신은 한 해 전 있었던 혜경궁 마마의 회갑연 과정을 기록한 『원행을묘정리의궤』를 본받고, 유능한 관리들과 더불어 연구하며 『화성성역의궤』를 편찬하고자 합니다.

책에는 공사의 준비 과정부터 완공에 이르기까지의 모든 내용을 담을 것입니다. 건축 기법, 공사를 하는 동안 오간 공식 문서, 공사를 하는 동안 내려왔던 전하의 어명은 물론이고 성곽 쌓는 일에 참여한 이들의 명단을 직종이며 신분에 관계없이 이름과 주소, 날짜, 지급한 임금을 모두 새겨 적고 있습니다. 이는 공사 내용에 한 점 숨김이 없도록 하고, 공사에 참여한 사람들의 책임 의식을 높이고자 함입니다.

또한, 건물별로 사용한 자재와 수량, 전체 공사 비용의 수입과 지출 내역도 꼼꼼히 기록할 것입니다. 거중기나 유형거 등 공사에 활용한 모든 기계 도구의 원리와 사용 방법도 그림과 함께 남길 예정이고요.

소신은 성곽을 쌓는 과정뿐만 아니라, 공사에 앞서 화성을 건설하게 된 배경도 적어 넣으려 합니다. '화성유수부'라는 새 고을이 있고 나서 성곽 공사도 시작되었기에, 화성에 대한 설명 없이 공사 과정만 기록하는 것은 의미가 없기 때문입니다.

현재 『화성성역의궤』의 뼈대는 거의 완성 단계에 접어들었으며 본격적인 집필을 앞두고 있습니다. 의궤에는 각 건물의 모습은 물론이고 성을 쌓을 때 사용한 기계 도구와 장비 그림도 들어갈 예정입니다. 글과 그림이 모두 마무리되면 잘못된 곳은 없는지 꼼꼼히 살핀 다음, 전하께서 명하신 대로 금속활자로 인쇄해 활자본 서책으로 여러 권 넉넉히 펴낼 것입니다.

감히 아뢰옵건대, 『화성성역의궤』는 지금까지 나온 조선의 어떤 의궤보다도 훌륭한 기록 유산이 될 것입니다. 화성이 얼마나 뛰어난 성곽 건축물인지, 이처럼 아름답고 튼튼한 성곽을 계획하고 그 과정을 기록으로 남기게끔 하신 전하께서는 얼마나 위대한 성군이셨는지를 알리는 중요한 증거물이 되겠지요. 2년 8개월이라는 짧은 시간에 성곽을 쌓은 것도 놀라운 일이거니와 공사 내용을 상세하게 적어 책으로 남긴 것은 전 세계를 통틀어 전무후무한 일이 아닐는지요.

나아가 『화성성역의궤』는 우리 조선의 뛰어난 건축 기술과 문화의 우수성을 세계만방에 알리는 기록서가 될 것입니다. 그뿐만 아닙니다. 훗날 조선의 후손들이 다른 성곽을 쌓고자 할 때 훌륭한 참고서요, 전쟁이나 천재지변으로 화성이 훼손되는 일이 있더라도 원래 모습대로 완벽하게 복원할 수 있게 돕는 지침서도 될 것입니다.

 편찬 작업이 순조로이 진행되어 전하께 『화성성역의궤』를 두 손으로 받들어 올리는 날이 빨리 오기를 소망하며 이만 줄이옵니다.

역사의 우체통
아름다운 건축물, 위대한 기록물

『화성성역의궤』 얼마나 자세할까?

'의궤'는 조선 시대에 왕실이나 나라에서 열었던 중요한 행사의 내용을 정리한 책이에요. 후대 사람들이 전통을 잘 이어 나갔으면 하는 뜻에서 만든 것이에요. 의궤에는 행사에 관한 기록뿐만 아니라 참여한 사람들의 이름과 주소, 행사에 사용된 물건의 크기와 재료, 색깔, 그리고 행사를 치렀던 건물의 위치와 구조 등이 글과 그림으로 자세히 기록돼 있어요.

『화성성역의궤』는 1794년 2월부터 1796년 9월에 이르기까지 약 2년 8개월에 걸쳐 진행된 수원 화성 성곽 공사에 관한 내용을 기록한 종합 보고서예요. 순조 때인 1801년에 발간되었어요. 공사 일정, 공사 방법, 공사에 사용했던 도구와 기구, 건축물의 모습과 특징, 공사 비용, 물품의 수량과 이름, 공사에 참여한 사람들의 이름과 주소, 한 일과 참여한 날짜, 임금, 공사 중에 주고받은 문서, 임금이 내린 명령과 어전 회의 내용, 갖가지 의

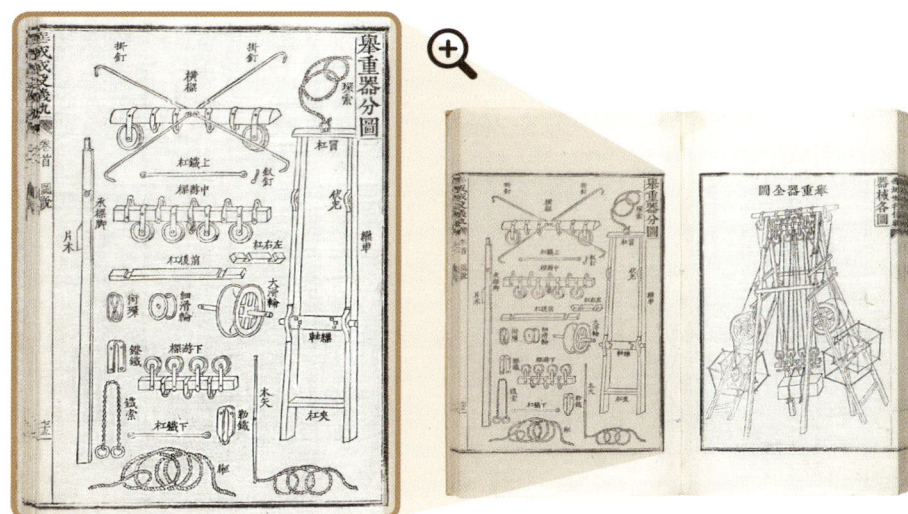

▲ 『화성성역의궤』 내용의 일부. 화성 공사에 사용된 거중기를 그림으로 설명하고 있다.

식의 절차가 아주 상세하게 기록돼 있어요.

특히 화성의 전체 모습과 성곽 안의 주요 시설을 그림으로 기록한 '화성전도'가 유명해요. 거중기와 유형거를 그린 그림도 있어요.

이뿐만 아니라 건물별로 들어간 못의 규격과 수량, 가격, 심지어는 한 건물을 짓는데 몇 사람의 장인이 며칠 동안 일했는지까지 적혀 있어 그 상세함에 놀라지 않을 수 없어요. 비록 건축 보고서이긴 하지만, 정조 시대 생활상과 신분 제도를 알려 주는 귀중한 역사 자료로서도 가치가 있어요.

『화성성역의궤』는 금속 활자로 여러 부를 만들어 펴냈어요. 지금도 서울대학교 규장각과 국립중앙도서관을 비롯한 몇몇 대학 도서관에 인쇄 원본이 보관돼 있어요.

화성의 수난사와 재건사

건축물은 한 번 지어 놓았다고 해서 영원히 그대로 남아 있는 경우가 드물어요. 꾸준히 손보고 정성 들여 관리하지 않으면 시간이 흐르면서 훼손되기 십상이에요. 자연재해나 전쟁으로 큰 피해를 입기도 하지요. 화성도 마찬가지였어요.

수원 화성은 정조 때 지어진 후, 19세기 말까지 계속 그 모습을 유지했어요. 그러나 일부가 파손되거나 무너지는 바람에 헌종 때인 1848~1849년경에 대대적인 보수를 진행하게 돼요. 이때 화홍문과 북수문, 매향교, 남창교는 아예 다시 지었고 팔달문과 방화수류정, 서장대 등은 많은 부분을 수리했어요. 고종 때에는 화성 행궁을 수리하는 큰 공사도 했어요.

일제 강점기에 들어서면서 화성 행궁은 철저히 파괴되고, 성곽 곳곳이 훼손됐어요. 1910년 한일 강제 합방 후 화성, 그중에서도 왕이 머물던 행궁은 본래의 기능을 잃고 '자혜의원'이라는 근대식 병원으로 바뀌었어요. 행궁 중심부 건물도 철거됐지요. 객사는 수원 최초의 초등학교인 신풍 초등학교의 건물로 쓰였어요. 이밖에 성곽의 여러 시설도 무너지거나 파괴되었어요.

수원 화성은 또 한 번의 고난을 맞아요. 1950년 한국 전쟁이 일어나면서 이때 화성 장안문의 문루 절반이 폭격을 맞아 사라졌어요. 다른 화성 시설이 크게 훼손된 것은 말할 것도 없지요.

우리나라가 겪어온 역사적 고난 속에서 화성도 깨지고 다치며, 망가진 것이에요. 이렇게 되자 나라에서는 1964년부터 화성에 대한 부분적인 수

▲ 일제 강점기 화성 팔달문의 모습

리를 시작해요. 1974년부터 1979년까지, 약 5년 동안은 큰돈을 들여 집중적으로 보수했어요. 그리고 1989년부터 본격적인 화성 복원 사업이 이루어져요. 『화성성역의궤』의 기록을 참고해서 망가진 화성을 다시 쌓아 올리기로 한 것이지요. 1995년 1단계 복원 사업을 시작해 2002년 완료했어요.

화성 복원 사업은 여전히 진행 중이에요. 2004년부터는 2단계 복원 사업을 추진하고 있거든요. 2단계 사업에서는 손님의 숙소로 이용되었던 '우화관'과 정조가 현륭원에 행차할 때 올릴 음식과 술을 만들던 '별주'의 복원이 이루어질 예정이에요.

세계 문화유산 화성과 세계 기록 유산 『화성성역의궤』

1997년 12월 유네스코는 수원 화성을 '세계 문화유산(World Heritage)'으로 지정했어요. 세계 문화유산은 전 세계에 있는 인류 문명의 중요한 문화유산과 자연 유산을 보호·보존하고, 소개하기 위해 유네스코라는 국제 연합 기구에서 정하는 것이에요.

사실 수원 화성은 처음에 유네스코 세계 문화유산의 조건을 충족시키지 못했어요. 일제 강점기와 한국 전쟁 때 워낙 많이 훼손됐기 때문에 복원을 거쳤다고 해도 본래의 모습 그대로를 재현했다고 보기는 힘들었거든요. 그때, 우리나라에서는 『화성성역의궤』를 제시했어요. 건축물에 사용된 재료와 크기부터 건축 방법까지 상세하게 적어 놓은 기록물을 참고해 거의

▲ 현재 화성 장안문의 모습

완벽에 가깝게 복원할 수 있다면서 말이지요. 유네스코는 『화성성역의궤』로 복원된 수원 화성이 어떠한 결점도 없다는 사실을 확인할 수 있었어요.

그 결과 수원 화성은 동양과 서양의 군사 시설의 특징을 결합한 독특하고 아름다운 성이자, 뛰어난 방어 기능을 가진 과학적 성곽이라는 평가를 받으며 세계 문화유산으로 지정되었어요.

그리고 2007년에는 『화성성역의궤』와 『원행을묘정리의궤』를 포함한 '조선왕조 의궤'가 유네스코 세계 기록 유산으로 선정됐어요. '세계 기록 유산(Memory of the World)'이란 각 나라의 도서관이나 서고에 보관된 문서, 손으로 직접 쓴 책이나 인쇄된 책, 또는 입에서 입으로 전해 오는 각종 자료, 시청각 자료들 중에 세계적으로 보존할 만한 가치가 있다고 여겨지는 것을 골라 뽑아요.

▲ 『화성성역의궤』

7장 화성을 기록하여 남기다

생각하는 역사
정조의 개혁 정책은 어떻게 되었을까?

정조는 완성된 『화성성역의궤』를 보지 못하고 1800년 눈을 감았어요. 『화성성역의궤』는 정조가 죽은 다음 해인 1801년에 발간되었지요.

그렇다면 정조가 죽고, 수원 화성과 개혁 정책은 어떻게 되었을까요?

정조에 뒤이어 순조가 왕이 되었어요. 왕위에 오를 당시 순조의 나이는 고작 11살이었기 때문에 정순 왕후가 수렴청정을 했어요. 영조의 계비이자 정조의 할머니가 되는 정순 왕후는 노론 쪽 사람으로, 정조와는 다른 정치적 의견을 가지고 있었어요. 결국 정조가 꿈꾸고 준비했던 개혁은 정순 왕후에 의해 뒤집히거나 사라지고 말았지요.

먼저 실학자, 남인 등 정조의 개혁에 힘을 보탰던 사람들을 제거했어요. 조선에서 천주교를 뿌리 뽑겠다는 이유에서였어요. 평등을 추구하는 천주교의 교리가 조선의 기본 이념인 유교와 맞지 않았거든요. 그리고 이 시기 천주교를 공부하는 사람들 중에 실학자가 많았어요. 천주교 탄압이 있은 뒤 정약용을 비롯한 정조의 측근 인물들은 유배를 가거나 사형당했어요.

어린 왕의 즉위와 수렴청정으로 왕권이 약해지자 신하들, 그중에서도 왕의 외척 세력이 권력을 휘둘렀어요. 순조의 장인인 김조순을 중심으로 세도 정치가 이루어지기 시작한 것이지요. 세도 정치는 특정 집단이 강한 권력을 가지고 나랏일을 마음대로 운영하는 것을 말해요. 벼슬을 돈 받고 파는가 하면 세금을 마음대로 거두어들이는 등 관리들의 부정과 비리가 넘쳐 났어요.

정조의 죽음과 함께 개혁도 사그라든 후, 조선은 이전보다도 더 살기 어렵고 가난한 나라가 되어 갔어요.

❶ 『화성성역의궤』, 『원행을묘정리의궤』 등 정조는 왜 이러한 기록물들을 남기고자 했을까요?

❷ 정순 왕후를 비롯한 일부 세력들은 왜 정조가 죽은 뒤 그의 개혁 정책들을 없애 버리려 한 것일까요?

끝나지 않은
정조의 개혁

"아이고 나리. 좀 살려주시유, 예? 제발 부탁입니다."

"어허. 집집마다 사정 봐주다간 내 모가지가 날아갈 판이라고. 허튼소리 말고 당장 갚으라고! 당장!"

아침을 먹은 후 툇마루에 나앉아 먼산바라기를 하고 있던 상득은 담 너머로 들려오는 거친 소리에 고개를 쭉 뺐다. 나란히 이웃한 옆집에서 들려오는 소리였다.

"아침부터 웬 소란인고?"

상득은 마루를 내려가 신발을 챙겨 신고 대문으로 향했다. 이제

막 예순을 넘긴 상득은 오래전에 승정원 일을 그만두고, 식구들을 한양에 둔 채 홀로 고향에 내려와 한가롭게 지내고 있었다. 정조 임금께서 갑자기 승하하신 뒤에도 한동안 승정원에 머무르긴 했지만, 시간이 지날수록 고향이 그립고 세상일이 번잡스럽다는 생각이 들어 귀향을 선택한 것이었다. 사실 받들던 임금을 하루아침에 여의고 밀려드는 허망함을 견딜 길 없었던 것이 가장 큰 이유였다.

밖으로 나가 보니 상득이 짐작한 대로였다. 옆집 대문 앞에서 빼빼 마른 주인 사내가 두툼한 장부를 손에 든 통통한 구실아치[*]에게 뭐라 뭐라 하소연을 하고 있었다.

"흉년이 들어 온 식구가 풀떼기 죽으로 목구멍에 겨우 풀칠하고 있는데 무슨 이자를 내라고 그러시유. 그리 못 믿겠으면 직접 집을 샅샅이 뒤져 보시유. 쌀독에 쌀이 몇 톨이나 있나."

***구실아치** 조선 시대에 벼슬아치 밑에서 일을 보던 사람을 말해요.

주인 사내가 애걸복걸했지만, 구실아치는 콧방귀만 뀔 뿐이었다.

"관아에서 봄에 쌀을 빌려 가서는 여태 안 갚고 있으니 우선 이자라도 갚으라는 거 아닌가? 사람이 쌀이든 돈이든 빌려 썼으면 염치가 있어야지, 염치가!"

주인 사내도 지지 않고 여윈 가슴을 퍽퍽 치면서 대꾸했다.

"아이구 답답해라, 답답해. 당장 갚을 쌀도 없지마는 빌린 것보다 몇 배나 더 되는 이자를 붙여 갚으라니 말이 된다고 생각하시유? 벼룩의 간을 빼먹어도 분수가 있지, 가난한 백성한테 너무 하는 거 아니냐고유."

때마침 젖먹이 막둥이를 업은 옆집 아낙까지 나와 허옇게 뜬 얼굴로 울먹거렸다.

"제발 봐 주셔유. 한 달 전에 늦둥이까지 낳아서 아이가 일곱인데 쌀독 박박 긁어도 낼 이자가 없시유. 우리 식구 다 같이 황천길 가기 직전이구먼유."

그럼에도 구실아치는 삐딱하게 쓴 갓을 살짝 들어 올리고는 쩌렁쩌렁한 목소리로 엄포를 놓았다.

"허, 이렇게 나온다? 그럼 할 수 없지. 나도 목구멍이 포도청인데 시키는 대로 해야지 별수 있나. 썩 비키게. 쌀이 없으면 놋그릇이든 놋수저든 가져가야겠으니까."

상득은 더는 두고만 볼 수 없어 앞으로 나섰다.

"이보시오, 이 집에서 갚아야 할 것이 얼마요? 원래 빌려 간 쌀이랑 이자랑 다 말해 보시오. 내가 대신 갚아 줄 테니."

상득의 말을 듣자마자 구실아치가 입꼬리를 올리며 장부를 뒤지기 시작했다.

"정말이시오? 이자가 만만치 않은데. 어디 보자, 이 집이 그러니까 지난봄에 쌀 한 말을 빌렸으니… 음… 빌려 간 쌀 한 말에 이자 두 말을 붙여설랑… 옳지, 서 말이면 되겠소. 정말 대신 갚겠소?"

상득은 기가 막혔다. 빌린 쌀은 한 말인데 이자가 두 말이나 되다니……. 그렇지만 시시콜콜 따져 봤자 씨알도 안 먹힐 게 뻔했다. 상득은 하인을 불러 곳간에서 쌀 서 말을 퍼오게 한 뒤 옆집 빚을 대신 갚아 주었다.

구실아치는 입이 함박만 해져서 돌아갔고, 옆집 내외는 눈물을 흘리며 상득에게 고개를 조아렸다.

"어이구, 정말 고맙습니다. 이 은혜 평생 잊지 않고 형편 되는 대로 꼭 갚겠어유."

"예, 정말입니다. 진짜 꼭 갚을 게유."

상득은 손을 내저었다.

"아니오. 그 쌀은 갚지 않아도 되오. 내가 좀 여유가 있어 대신 갚

아 준 것이오."

사실 상득이라고 여유가 있는 건 아니었다. 승정원 정원사령이라 봤자 급료가 넉넉지 않아 모아 둔 재산도 없거니와 식구가 한양과 고향으로 나뉘어 두 집 살림을 하다 보니 그럴 수밖에.

그래도 상득은 담 하나를 사이에 둔 이웃의 딱한 사정을 그냥 보아 넘길 수 없었다. 이웃뿐만 아니라 요즘 방방곡곡의 가난한 백성들은 대개 이런 횡포에 시달리고 있었다.

순조 임금의 외척인 안동 김씨 가문이 조정을 잡고 세도 정치를 하는 바람에 나라가 썩어 들어가는 탓이었다. 과거 시험에서는 부정부패가 넘쳐 났고, 조선 팔도에는 뇌물을 바쳐 벼슬자리를 산 탐관오리들이 백성들의 피고름을 쥐어짰다.

집으로 돌아온 상득은 다시 툇마루에 앉아 먼산바라기를 하며 중얼거렸다.

"정조 임금께서 그리 갑작스레 돌아가시지만 않았어도 나라 꼴이 이리되지 않았을 텐데, 이 일을 어찌할꼬. 우리 조선의 앞날은 어찌 될꼬."

◆ ◆ ◆

그날 밤 상득은 꿈에서 그토록 그리워하던 정조 임금을 만났다. 정조는 살아있을 때처럼 온화한 표정을 하고 상득에게 물었다.

"상득아. 오랜만이구나. 네게 고맙다는 인사도 하지 못하고 이승을 훠이훠이 떠나와서 마음 쓰였노라. 하루에도 몇 차례씩 내 편지를 신하들에게 전하느라 쉴 틈이 없지 않았더냐?"

상득은 울컥하며 엎드려 고개를 조아렸다.

"전하, 어인 말씀이신지요. 전하의 비밀 편지를 전할 수 있어 소인은 영광스럽고 기뻤나이다."

"그래, 헌데 요사이 우리 조선은 사정이 어떠한가? 내가 이승을 떠난 후 소식을 몰라 걱정이 그치질 않는구나."

상득은 차마 아뢸 수 없었으나, 이내 조선의 암울한 현실을 있는 그대로 고하기 시작했다. 상득의 말을 듣고 난 정조의 낯빛이 어두워졌다.

"허어. 그러지 않길 바랐건만 안타깝구나. 내가 좀 더 살아 조선을 완전히 바꿔 놓았어야 했는데……. 종묘사직과 어린 백성들의 앞날이 염려되는구나."

상득은 이승을 떠나서도 조선을 걱정하는 정조의 모습에 목이 메었다. 하지만 애써 밝은 표정으로 말했다.

"전하. 너무 심려치 마시지요. 전하께서 하늘에서 돌봐 주시는 한, 우리 조선은 반드시 더 좋은 나라가 될 것입니다. 조선을 새로이 바꾸고자 하셨던 전하의 위대한 뜻도 후대에 길이길이 전해질 것이옵니다."

말을 끝낸 상득은 품에서 편지를 꺼내 바쳤다. 정조가 놀라서 물었다.

"이게 웬 편지냐? 아직도 내게 편지를 보내는 자가 있다는 말이냐?"

"예. 그렇사옵니다. 전하께 글월을 전하고자 하는 이가 수없이 많사옵니다."

"그래? 거참, 기특한 일이로구나. 그럼 어디 한번 읽어 볼까?"

정조가 편지를 읽기 시작했다. 상득은 살그머니 고개를 들어 용안을 살폈다. 편지를 읽어 내려가는 정조의 얼굴이 점점 밝아졌다. 그 모습을 지켜보는 상득의 마음도 조금씩 편안해졌다.

에필로그: 끝나지 않은 정조의 개혁

꿈속에서 상득이 정조에게 건넨 것은 미래로부터 온 편지입니다.
여러분이 그 편지를 쓴 주인공이라고 생각하고, 정조에게 하고 싶은 말을 편지글로 남겨 보세요.

부록 정조 대왕께 올림

사진 출처

국립고궁박물관	p102 「화성능행도병풍」
국립중앙박물관	p27 「규장각도」
	p39 「화성전도」
	p69 「송시열의 초상」
	p86 「대장간」, 「기와이기」
	p111, p115 「화성성역의궤」
	p113 화성 팔달문
국립한글박물관	p99 김씨 부인 한글 상언
문화재청	p73 「정조 어찰첩」
	p114 화성 장안문
수원시청	p100 만석 공원
실학박물관	p53 박지원의 초상
연합포토	p25 융릉
위키미디어 공용 퍼블릭 도메인	p41 채제공의 초상